THE LAWS OF CRICKET 2017 CODE(2nd Edition–2019)

板球规则

（2017版，2019第二修订版）

中国板球协会
Chinese Cricket Association

中国板球项目裁判员委员会　审定

人民体育出版社

编委会成员

前　言

板球运动在一系列的规则和条例管理下已经超过了270年。这些规则根据当时管理部门的建议，不断进行添加和修改。马利邦板球俱乐部（以下简称“MCC”）自1787年成立以来，已经被公认为制定规则和所有后续规则修订的唯一权威。俱乐部拥有规则的世界范围版权。

板球运动的基本规则经受住了时间的考验。真正的原因是，板球运动员尊重传统，按照2000年以来在序言中被广泛认可的板球精神的前提下进行比赛，同时遵守板球规则。

2017版《板球规则》（以下简称《规则》）中所做的修改反映了人员参与的广泛性，包括国际范围所有级别的运动员、裁判员和管理人员在内的国际板球理事会——板球运动的全球管理机构。运动发展很快，第6版《2000版板球规则》刚出版15年，就已经需要一个新的版本，对这些修正更加合理化，并以更合理的格式和顺序重排规则。经多方协商可以看出，这些变化背后的指导目标是：保持球板和球之间的平衡，使规则更容易理解，保护球员的福利，并给予裁判员更多的机制来处理运动员的不良行为。这个版本是首次以性别中立的形式编写的，这反映出板球运动在妇女和女孩中的日益普及。

MCC板球规则提供了所有板球比赛的框架。各个地方联盟和管理机构可以增加自己的特殊规则，以适应不同的比赛需要。例如，少年板球比赛、20回合比赛和测试赛。在几乎所有情况下，运动的基本内容，如得分和淘汰，在这些规则中保持不变。

本《规则》目前在出版时是正确的，但MCC网站（www.lords.org）和板球规则APP提供了一个数字版本，必要时在上面会做随时的更新。

板球规则大事记：

1700年　板球首次出现。

1744年　最早的规则在伦敦的火炮阵地上被绅士和贵族们所制定。

1755年　规则被一些名如明星俱乐部这样的板球俱乐部修订。

1774年　规则被再次修订。

1786年　另一修订版出现。

1788年　第一本MCC规则于5月30日获得通过。

1835年　新的规则于5月19日获MCC委员会通过。

1884年　4月21日，经与世界各大板球协会商议后，重要的修订于MCC特别会议中获得通过。

1947年　新的规则于5月7日获得通过，主要修改为更清楚明确地解释规则。

1979年　1974年经过5版以后，另一新版本于1974年开始制定，主要原因是合并一些规则，令规则更清楚明确。全新的规则11月21日于MCC特别会议中通过，并于1980年生效。

1992年　1980年第2版的规则编成，主要包括以前十二年间的修改。

2000年　包括板球精神的全新规则，于2000年5月3日获得通过。

2007年　成立了规则分委会，取代了规则工作组。

2010年　《2000版板球规则》第4次修订版出版。MCC成员在5月5日的特别会议上同意MCC委员会不经成员批准而有权修改板球规则。

2017年　继《2000版板球规则》第6版之后，新的2017版《规则》于2017年10月1日起生效。

每年都会有许多关于规则的疑问反馈到MCC，供其做出裁决。MCC作为板球规则的守护者，随时准备回答咨询并给予解释。但是，MCC保留有不回答的权力，例如，被认为是轻浮的或以任何方式与赌注或与赌注相关的问题。

Lord板球场，伦敦NW8 8QN

MCC首席执行官兼秘书长

G.W.Lavender

2017年10月1日

目 录

序

板球的精神

板球运动极具吸引力和乐趣，是因为板球运动不仅受规则的约束，还受到板球精神的统领。

确保公平比赛的主要责任在于队长，但也是所有球员、裁判员，特别是少年板球运动员、教师、教练员和家长的职责。

尊重是板球精神的核心。

尊重你的队长、队友、对手和裁判员的权威。

努力比赛，公平竞争。

接受裁判员的判罚。

用自己的行为创造一个积极的氛围，鼓励别人也这样做。

表现出自律，即使情形对你不利。

祝贺对手的成功，并欣赏你自己的队伍。

不管比赛结果如何，都要感谢裁判员和对手。

板球是一项激动人心的运动，能促进领导能力、友谊和团队合作，能汇集来自不同民族、文化和宗教的人在一起，这就是板球精神所发挥的作用。

板球比赛中的规则适用于任何性别的运动员、裁判员和记分员。除非另有规定，规则的每一项条款都应被视为适用于所有人，不论性别。

规则1 球员

1.1 球员数量

一场比赛中，双方队伍各有11名球员，其中有1名队长。

经双方队长同意，每队可选出多于或少于11名球员，但在场内比赛的球员则不能多于11名。

在比赛中由于任何原因，一方被减少到少于原有球员的数量，比赛将继续下去，只要根据规则或在掷币之前双方达成一致。

1.2 上场名单与更换球员

每个队长在掷币之前都要写一份出场名单给1名裁判员。

未经对方队长同意，不得在提交名单后更换球员。

1.3 队长

1.3.1 当队长不能履行其职责时，须在本队中选出一位代理队长。

1.3.2 如果队长没有出现在上场名单中，那么队伍中需要有一名代理队长，代理其完成相应职责。见规则1.2（上场名单与更换球员）。

1.3.3 递交名单后，代理队长必须是递交名单内的球员之一，负责履行规则中队长的职责，包括掷币。见规则13.4（掷币）。

1.4 队长职责

队长的职责是保证整场比赛遵循板球精神和遵照比赛的规则进行。见序（板球的精神）和规则41.1（公平及不公平比赛–队长的责任）。

规则2 裁判员

2.1 任命与出席

比赛开始前任命两名裁判员，遵照比赛的规则执裁，保证比赛的公平。裁判员必须在每一天比赛开始前45分钟向场内的场地监督报告。

2.2 裁判员的更换

如果裁判员患病或受伤而必需更换裁判员时，替补裁判员只可作为击球一方的裁判员。除非征得队长同意，他才可全权担负起裁判员的职责。

2.3 与队长商议

在掷币之前裁判员需要做：

2.3.1 会见队长，裁判员需要确定：

2.3.1.1 比赛用球。见规则4（赛球）。

2.3.1.2 比赛时长和用餐时间及喝水时间。在一日赛中茶歇没有具体特定的时间，相反在双方都同意的情况下可以代替局间休息。见规则11（比赛间歇）。

2.3.1.3 在比赛中需要一只手表或一个计时器记录时间间隔。

2.3.1.4 场地的边界范围。包括在场地中的任何障碍物是否视为边界。见规则19（边界）。

2.3.1.5 场地覆盖布的使用。见规则10（球道覆盖）。

2.3.1.6 会影响比赛正常进行的任何特殊情况。

2.3.2 告诉记分员关于规则2.3.1.2至2.3.1.4和规则2.3.1.6。

2.4 三柱门、球道线及边界线

在掷币之前和比赛期间，裁判员应确认：

2.4.1 三柱门是否已安置妥当。见规则8（三柱门）。

2.4.2 球道线是否已划于正确位置上。见规则7（球道线）。

2.4.3 球场边界线是否符合规则。见规则19.1（确定比赛场地的边界）、规则19.2（识别和标记边界）和规则19.3（恢复边界）。

2.5 比赛的规范、执行及装备

在投掷之前和比赛期间，裁判员应确认：

2.5.1 比赛规范严格按规则执行。

2.5.2 比赛中使用的器材符合下列规定：

2.5.2.1 见规则4（赛球）。

2.5.2.2 见规则5（球板）和附录B。

2.5.2.3 见规则8.2（三柱门柱的尺寸）、规则8.3（横木）。如果适用，见规则8.4（少年板球）。

2.5.3 禁止使用许可之外的装备。见附录A2。应特别注意头盔的使用。

2.5.4 守桩员手套要符合规则27.2（手套）。

2.6 公平和不公平比赛

裁判员是裁决比赛是否公平的唯一确定者。

2.7 比赛的适合度

2.7.1 只有裁判员才能决定地面条件、天气条件、光线条件或特殊情况是否意味着比赛将是危险的或不适合进行的。

任何条件不能因为不够完美而被视

为不合理。

如果草和球是湿的，不能满足比赛时的地面条件，可认为是不合理的或是不适合比赛的。

2.7.2 如果对任何球员或裁判员的安全有实际和可预见的风险，则比赛条件应视为危险环境。

2.7.3 如果在不合理的环境下比赛，即使对安全没有构成风险，进行比赛也是不明智的。

2.7.4 如果裁判员认为比赛场地是湿滑的，将导致投手在投球时、击球员在击球时、在三柱门间跑动时，以及防守队员在防守移动时造成危险，这种情况也将被认为是危险的环境。

2.8 在危险或不合理情况下暂停比赛

2.8.1 下面涉及的比赛场地包括球道。见规则6.1（球道的面积）。

2.8.2 如果裁判员在任何时候认为场地、天气或光线的条件，或任何其他情况是危险的，他们应立即暂停比赛，或不允许比赛开始，或重新开始。如果比赛正在进行，裁判员应立即暂停比赛。

2.8.3 当比赛暂停后，裁判员有责任在无球员或有关官员陪同下去检查场地，他们必须在可能情况下多加巡察。当有关裁判员均认为情况适合比赛时，他们必须立即召集球员恢复赛事。

2.9 裁判员的位置

裁判员站立的位置必须是在最佳的观察角度，以帮助其做出正确裁判。

站在投手的一方时，他们不能阻碍投手的跑动及击球员的视线。

击球方裁判员应站在击球员反侧（身后方），距离较远不影响防守的位置。但是，在告知防守方队长、击球员及其他裁判员知道的前提下，击球员一方的裁判员可站在击球员的正侧（身前方）。

2.10 裁判员互换

当每一方每完成一个球局时，两名裁判员须互换位置。见规则13.3（完成局数）。

2.11 分歧与争议

对任何判罚有分歧或争议时，由两名裁判员共同作出最后裁决。见规则31.6（裁判员咨询）。

2.12 裁判员的裁决

裁判员可以改变任何决定，但要尽快迅速作出。除此之外，裁判员的决定一旦作出，就是最后的决定。

2.13 裁判员的手势

2.13.1 裁判员在比赛中应做出下列手势：

2.13.1.1 当球在比赛状态时：

死球——双手两手腕在腰以下打交叉。

无效球——一手臂以水平线向横向伸展。

淘汰——伸出食指高举过头部(如果非出局时裁判员会大声说出“不淘汰”)。

宽球——两手臂分别以水平线向横向伸展。

2.13.1.2 当球为死球时，除了淘汰的手势外，以上的手势都必须向记分员重复再做一次。当球为死球时，下列的手势则只须单独向记分员做出。

边界4分——一手臂伸直，由左

至右来回摆动，至完成动作时，手横放胸前。

边界6分——举起双臂过头部。

漏击得分——举起张开的一只手过头部。

最后1小时——用一只手指向另一举起的手腕。

击球一方加5分——用手重复轻拍另一肩膀。

投球一方加5分——用手放于另一肩膀上。

触身得分——用手触碰抬起的膝关节。

新球——用手持球并举过头部。

取消判罚——用双手交叉触碰双肩膀。

短跑——屈曲起前臂并以手指尖触碰肩膀。

以下信号是针对3级和4级球员违

规行为。每个信号都有两个部分，这两个部分都应该由记分员单独确认。

3级违规行为——第一部分：将一只手臂伸到身体一侧反复举起放下。

第二部分：举起双手，所有的手指张开伸直，伸展至与肩同高，手掌面向记分员。

4级违规行为——第一部分：将一只手臂伸到身体一侧反复举起放下。

第二部分：手臂伸直，举起食指在肩膀高度，伸展到身体的一侧。

2.13.1.3 所有信号都由投手侧裁判员发出。如果出现短跑，在所有跑动结束时发出信号。如果出现多于一次短跑，则投手侧裁判员应负责给记分员短跑信号，并通知他们要记录的跑动次数。

2.13.2 裁判员必须等记分员确认每一项手势后，才能令比赛继续进行。如果要给出多个手势，则按照事件发生的顺序依次给出。

2.14 通知裁判员

在所有规则中，如果裁判员通过队长或其他队员得到的信息，只要其中一名裁判员得到了这样的信息，他/她通知另一名裁判员即可。

2.15 分数的核对

裁判员与计分员对疑点的协商是必不可少的。在整个比赛过程中，裁判员应确认得分、淘汰击球员的数量、已经进行的回合数。他们至少在除了茶歇之外的每个休息时间，以及比赛结束时，都与记分员进行确认。见规则3.2（分数核对）、规则16.8（结果校正）和规则16.10（比赛结果不再改变）。

规则3 记分员

3.1 记分员的委任

每场球赛须委任两位记分员，两位记分员负责记录所有分数、出局及比赛回合。

3.2 分数核对

两名记分员须定时互相核对以保证他们的记录相一致。在淘汰队员、比赛停止及除茶歇之外的任何比赛间歇时间，记分员须定时与裁判员核对他们的记分表，确认分数、淘汰人数、已投回合数。见规则2.15（分数的核对）。

3.3 确认手势

记分员须接受所有由裁判员发出的指示及手势，记分员须立即确认每一手势。

规则4 赛球

4.1 重量及尺寸

新球重量既不能低于5.5盎司/155.9克，也不能超过5.75盎司/163克；周长既不能小于8.81英寸/22.4厘米，也不能超过9英寸/22.9厘米。

4.2 球的确认及监控

4.2.1 所有在比赛中使用的板球，必须得到裁判员的确认，并须于掷币前交由裁判员保管直至比赛结束。

4.2.2 裁判员须在每次击球员被淘汰时，或比赛间歇及任何比赛中断期间接管赛球。

4.3 **新球**

任何一位队长都可以在每局开始时要求使用一个新球，除非开始时双方达成一致不能如此要求。

4.4 **为期一天以上的比赛新球**

比赛日数多于一日时，当球的使用超过80回合时，防守方队长可要求更换新球，裁判员须立即通知击球员及记分员使用新球。

4.5 **球丢失或不适合比赛**

在比赛中，如果球丢失或无法找到，裁判员认为该球已经破损不再适合于正常比赛，则裁判员可以使用磨损程度和该球大体相当的旧球代替该球，当球被替换后须通知击球员及防守队队长。

4.6 规格

上述4.1中所述只适用于男子比赛，下列情况适用于：

4.6.1 女子比赛。

重量：从4.94盎司/140克到5.31盎司151克。

周长：从8.25英寸/21厘米到8.88英寸/厘米22.5英寸。

4.6.2 少年比赛–13岁以下。

重量：从4.69盎司/133克到5.06盎司144克。

周长：从8.06英寸/20.5厘米到8.69英寸/22.0厘米。

规则5 球板

5.1 球板

5.1.1 板由两部分组成：板柄和板体。

5.1.2 本规则对球板的基本测量方法和基本要求做出了规定。具体详细描述见附录B。

5.2 板柄

5.2.1 板柄由竹或木制成。

5.2.2 将在板面之外的部分定义为板柄的上半部分，这一部分是用来握的。

5.2.3 板柄的上半部分可以用手胶包裹。定义见附录B2.2。

5.3 板体

5.3.1 除规则5.2（板柄）、附录B3之外的板柄以外的部分全部称为板体。

5.3.2 板体完全由木材制成。

5.3.3 所有的板体都可有商业标识，其大小必须符合相关规定。见附录B6。

5.4 保护与维修

受制于附录B4的规范且前提是不违反规则5.5（对球的损坏）。

5.4.1 目的。

既是为了保护板体、侧面和板肩表面，也包括板体损坏后的修复。

使用非金属钢性材料，无论是在板体或是其他部位表面。

5.4.2 除板击球面外的其他表面损坏后的修理。

5.4.2.1 可将固体材料嵌入板体。

5.4.2.2 任何嵌入的材料必须是木制，并使用最小量的黏合剂。

5.4.3 为防止板头损坏，可将材料放置在板面部分，但不可以延伸到击球面、背面或侧面。

5.5 对球的损坏

5.5.1 对于板的任何部分，不管有没有覆盖物，其组成和表面材料结构硬度，不可使球受到不可承受的损坏。

5.5.2 板的任何部分放置的保护材料，不管出于什么目的，同样不可使球受到不可承受的损坏。

5.5.3 就本规则讲，不可承受的损坏是指比正常情况下的磨损更大，因为球击中了没有覆盖的板面造成了更大的磨损。

5.6 接触球

5.6.1 除另有说明，手及击球手套将视为球板的一部分。

5.6.2 球与规则5.6.2.1至5.6.2.4中任一物体的接触。

5.6.2.1 板自身。

5.6.2.2 击球员握着板的手。

5.6.2.3 握着板的击球手套上的任何

位置。

5.6.2.4 根据规则5.4（保护与维修）中被允许的任何部分。都将被认为是球击中或接触了球板，或被球板所击中。

5.7 板的尺寸限制

5.7.1 球板总长度不能大于38英寸/96.52厘米，板柄的下半部分插入板面内。

5.7.2 板的板面不得超过以下尺寸：

宽度：4.25英寸/10.8厘米。

厚度：2.64英寸/6.7厘米。

边缘：1.56英寸/4厘米。

此外，还要符合附录B8中所描述的标准。

5.7.3 除6号板及以下的板以外，板柄不得超过总长度的52%。

5.7.4 在5.4.1中覆盖板面的保护材料不得超过0.04英寸/0.1厘米的厚度。

5.7.5 放置在板头处的保护材料最大厚度为0.12英寸/0.3厘米。

5.8 板的类别

5.8.1 A、B、C类型符合规则5.1至5.7的标准。

5.8.2 A类型的板适用于任何级别。

5.8.3 附录B7中特殊描述的D型板只适用于初学者和初级板球。

5.8.4 B、C、D型板和其他型号的板只能在有关国家板球管理机构所确定的级别或以下水平的比赛中使用。

5.8.5 不符合A~D四类中的任何一种板都不被规则允许认可。

规则6 球道

6.1 球道的面积

球道为一个长方形区域，长22码/20.12

米，宽10英尺/3.05米。两端以投球线为界，两个长边分别为虚线，相互平行，离连接两三柱门的假想中轴线距离分别为5英尺/1.52米。如果该球道旁边有一条中间三柱门距离小于5英尺/1.52米的非天然球道，则该球道至那一侧将仅延伸至两个表面的接合处。见规则8.1（描述、宽度及固定），规则8.4（少年板球）和规则7.2（投球线）。

6.2　**球道的合适度**

裁判员最终决定球道是否适合比赛。见规则2.7（比赛的适合度）和规则2.8（在危险或不合理情况下暂停比赛）。

6.3　**球道的选择及准备**

比赛前，场地监督须负责选择及准备比赛球道。比赛期间，裁判员须负起监管、使用及维修球道的责任。

6.4 更换球道

裁判员如认为球道不适合比赛或有危险，在征求得到两队队长同意时，才可以更换球道。否则，球道不能更换。

6.5 非天然草球道

在使用非天然草场地时，应符合下列标准：

长度：最小58英尺/17.68米。

宽度：最小6英尺/1.83米。

见规则9.8（非天然草皮球道）。

规则7 球道线

7.1 球道线

在球道的两端，投球线、击球线及返回线均应涂成白色的宽线，如规则7.2、规则7.3和规则7.4中的描述。见附录C。

7.2 **投球线**

投球线是球道标志线的两端边缘，以白线的后沿为准。见规则6.1（球道的面积）。长度应为8英尺8英寸/2.64米。

7.3 **击球线**

击球线在投球线前面4英尺/1.22米，与投球线平行，线以白线后沿为准，从两三柱门中轴线向两边画线，长度为6英尺/1.83米，被视为无限长度。

7.4 **返回线**

返回线与击球线成直角，以内沿为准，并与假想两三柱门中轴线的距离各为4英尺4英寸/1.32米。每一条返回线须由击球线开始向后画上至少8英尺/2.44米，返回线被视为无限长度。

规则8　三柱门

8.1　描述、宽度及固定

两组三柱门须平行置于球道两边，分别置于投球线的中央，每组须为9英寸/22.86厘米宽，并由三个木桩将两小横木置于顶上。见附录D。

8.2　三柱门柱的尺寸

球桩的高度须离地面28英寸/71.12厘米，球柱为一个圆柱体，顶部为圆球形，上面有一条安放小横木的凹槽，每根柱直径既不能小于1.38英寸/3.50厘米，也不能大于1.5英寸/3.81厘米。见附录D。

8.3　横木

8.3.1　当横木放置于三柱门柱顶部时：

–不能超越门柱顶0.5英寸/1.27厘米。

–当横木放置在三柱门柱顶部时，不会干扰三柱门柱垂直度。

8.3.2 横木的规格。

全长：4.31英寸/10.95厘米。

中体：2.13英寸/5.40厘米。

长头：1.38英寸/3.50厘米。

短头：0.81英寸/2.06厘米。

8.3.3 小横木的两个头和中体有相同的中心线。

8.3.4 三柱门装备小横木飞出去的距离应限制在能保护球员的安全范围之内，经过赛事管理委员会和场地负责人的批准。

8.4 少年板球

国家相关板球管理机构有权确定专门的三柱门和横木的尺寸和三柱门间的距离。

8.5 不使用横木

必要时，比赛可以不使用横木，一旦确定，双方比赛条件应相同。但只要条件许可，应重新使用横木。见规则29.4（免除横木）。

规则9 比赛场地维护

9.1 压平

球道在比赛期间只能在规则9.1.1和规则9.1.2的情形下可以进行压平。

9.1.1 压平的时间和次数：

在比赛日，应攻方队长的要求，在比赛开始前，可进行不多于7分钟的球道压平。除第一局比赛外，在其他后续日比赛第一局比赛开始前也可以将球道重新压平。见规则9.1.4（允许滚转的时间）。

9.1.2 延迟开赛的压平。

除了上述允许的压平球道之外，如果在掷币后比赛开始前，开赛时间推迟，则击球方队长可以要求不超过7分钟的压平球道。然而，如果裁判员一致认为延迟对球道环境没有重大影响，他们会拒绝压平球道的请求。

9.1.3 压道机的选择。

如果有2个以上压道机可以使用，攻方队长有权选择其中一部进行压平。

9.1.4 允许滚转的时间。

任何一天比赛开始前允许压平球道（最多7分钟），不得早于安排或重新安排的比赛开始时间前30分钟开始。然而，攻方队长可以将压平推迟至不晚于比赛开始前10分钟。

9.2 清除球道上的杂物

9.2.1 应将球道上的任何杂物清除干净。

9.2.1.1 在每天比赛开始前，在割草之后和对球道压平的时间不得早于比赛开始前30分钟或晚于比赛开始前10分钟。

9.2.1.2 在两局之间，如果要进行压平，则要在开始之前提前进行。

9.2.1.3 在所有进餐时的间歇期进行。

9.2.2 在规则9.2.1中的所有杂物应以清扫的方式进行，除非裁判员认为可能对球道表面有害，在这种情况下必须用手清除该区域杂物，而不是清扫。

9.2.3 除规则9.2.1外，在任何一名裁判员认为有必要时，可用手清理球道上的杂物，而不用清扫。

9.3 割草

9.3.1 割草的责任。

9.3.1.1 比赛开始前，所有草地修剪工作必须由场地管理人员负责。

9.3.1.2 比赛开始后，草地修剪工作必须在裁判员的监督下完成。

9.3.2 球道和外场。

为了在正常比赛中双方的场地条件尽可能接近，如果场地和天气条件都允许的话，球道和外场应该在比赛的每天都进行场地剪草，而比赛期间则每天进行。

如果由于场地或天气之外的原因，不能完成割草，则场地管理人员应将在比赛期间采取的场地割草时间安排通知队长和裁判员。

9.3.3 割草的时间。

9.3.3.1 球道的割草工作必须在不晚于每日球赛进行前30分钟完成，

不得迟于对球道的清扫和压平。如果有必要，在割草前可以用手清除球道上的杂物，不需要清扫。见规则9.2（清除球道上的杂物）。

9.3.3.2 外场草皮修剪工作，必须在每日球赛进行前不晚于15分钟以前完成。

9.4 球道浇水

球赛进行时，不可有任何浇水活动。

9.5 重画球道线

当裁判员认为有需要时，可以重新画球道线。

9.6 足印修补

为便于比赛顺利，裁判员必须确保由投手及击球员造成的足印坑被清理干净及修补。

在一日以上的比赛中，如果情况许可，裁判员应以草皮填充物或其他快速方法修补投手助跑时造成的足印坑。

9.7 足印坑及球道的修补

比赛进行期间，在不损害球道及违反规则41（不公平比赛）的前提下，裁判员可允许球员用木屑填充以保证其足印坑的平整。

9.8 非天然草球道

在情况许可下，上述规则9.1至9.7的内容均适用于非天然草球道。

规则10 球道覆盖

10.1 赛前

比赛开始前，由提供场地的相关管理人员负责球道的覆盖和有关整个球场的覆盖工作。

然而，场地管理方应允许队长在提交上场队员名单之前检查球道，允许裁判员按照规则2（裁判员）、规则6（球道）、规则7（球道线）、规则8（三柱门）和规则9（比赛场地维护）履行职责。

10.2 比赛期间

除非规则或协议另有规定，否则在掷币之前、比赛前的夜晚，以及比赛期间的任何时间遭遇恶劣的天气时：

10.2.1 整个球道及每端最少4英尺/1.22米之外的地方予以覆盖。

10.2.2 在可能的情况下，应覆盖投手的助跑区域。

10.3 移除覆盖

10.3.1 掷币后，如球道已被通宵覆盖，则必须于比赛当天尽快移除覆盖，以保证比赛顺利进行。

10.3.2 如果因恶劣天气，球道必须一直覆盖或移除较晚，那么在天气情况许可时必须立即移除覆盖。

规则11 比赛间歇

11.1 间歇

11.1.1 以下的情况均被视作间歇：

一日赛事完毕，直至另一日开赛期间。

局与局之间的时间。

进餐时间。

饮水时间。

其他商定的间歇。

11.1.2 只有这些间歇时间为规则24.2.6设定的比赛间歇时间。

11.2 间歇时长

11.2.1 任何午餐或茶歇时间，必须根据规则2.3（与队长商议）商定，时长为从宣布“比赛停止”至“比赛开始”之间。

11.2.2 每局之间的间歇为10分钟，从每局结束时开始直到下一局比赛开始为止。但要考虑规则11.3、规则11.5和规则11.6的情况。

11.3 局间允许的间歇时间

除规则11.5和规则11.6外：

11.3.1 如一局比赛结束时距离当日比赛结束时间不足10分钟，则当日比赛不再继续进行，而第二天开赛时间不变，不考虑10分钟的间歇时间。

11.3.2 如队长在多于10分钟的中断时间内宣告一局结束，但间歇时间至少还有10分钟，则不能由于两局之间有10分钟间歇时间而调整重新开始的比赛时间，该时间应包括在中断的间歇时间以内。如果在中断间歇所剩下的时间不足10分钟时队长宣布一局结束或弃权一局，则比赛应在10分钟以后重新开始。

11.3.3 如果队长宣布一局比赛结束时，如果间歇时间至少还剩10分钟以上，那么间歇时间应被视为包括两局间的10分钟间歇。如果队长宣布一局比赛结束时间歇时间不足10分钟，则比赛应在10分钟后重新开始。

11.4 更改间歇时间

如果由于场地、天气或光线等不利条件或特殊情况，比赛时间被消耗或球员在非规定的间歇时间离开球场，在不违反规定的情况下，如果裁判员和双方队长均同意，则可改变午餐时间或茶歇时间。要在不违反规则11.2（间歇）、规则11.5（更改午餐时间）、规则11.6（更改茶歇时间）、规则11.7（午餐或茶歇时间—9人淘汰出局）和规则11.8.3的前提下。

11.5 更改午餐时间

11.5.1 如果击球局在午餐前10分钟内结束，应立即进行午餐。午餐时间应与协议时间相同，且包含球局之间的10分钟间歇时间。

11.5.2 如因场地、天气或光线等特殊原因，比赛在午餐前10分钟停止，不管是否在规则11.4（更改间歇时长）情形下达成协议，均应按时进行午餐。时间应与协议时间相同。间歇时间结束后比赛应马上开始或在条件允许时尽快开始。

11.5.3 如果球员在午餐时间开始前多于10分钟时离开场地，除非裁判员及队长同意改变间歇时间，否则午餐必须按原定协议时间进行。

11.6 更改茶歇时间

11.6.1 如一局结束时离茶歇时间不到30分钟，茶歇应立即进行，时间长短须与协议一样并包括两局间的10分钟在内。

11.6.2 如一局结束时离茶歇时间还有30分钟，比赛须在10分钟间歇后按时开始。

11.6.3 如比赛在离茶歇时间不到30分钟时因场地、天气或光线等特殊原因而停止，可立即进行茶歇，除非更改间歇时间（规则11.4）或双方队长商定放弃间歇时间（规则11.9）。茶歇时间按规定进行，到时间应恢复比赛或在条件允许时尽快开始比赛。

11.6.4 如果在约定的茶歇时间前30分钟比赛已经中断，则适用规则11.4（更改间歇时间）。

11.7 午餐或茶歇时间—9人淘汰出局

如果在离午餐或茶歇时间还有3分钟时，已有9人被淘汰出局，或还有3分钟以内第9人出局，或本回合最后一球正在进行中，除非球员因其他原因离开球场或球局提前结束，则茶歇时间须在本回合结束后协议时间开始30分钟后方可进行，而不适于用规则12.5.2。

就本节规则而言，击球员退场不应认为被淘汰。

11.8 饮水时间

11.8.1 经裁判员认定，比赛双方在比赛时均享有饮水时间，每次饮水时间应尽可能短暂，最多不能超过5分钟。

11.8.2 除非如规则11.9中，队长同意放弃饮水时间，否则在规定时间到后，在一个回合结束时才可以饮水。如果在一名击球员被淘汰或退场时，距离饮水时间不到5分钟，则可以马上开始饮水时间。除规则11.8.3规定外，允许的饮水时间没有任何变化。

11.8.3 如在饮水时间前30分钟之内球局结束或球员因其他原因离场，裁判员及队长可在该阶段重新安排饮水时间。

11.8.4 在比赛的最后一个小时内，按规则12.6（比赛最后1小时—回合数）规定，没有饮水时间。如果需要改变此限制，裁判员和队长应在每天比赛掷币之前不迟于比赛开始前10分钟商定该间歇时间。

11.9 商定放弃间歇时间

双方队长可商定放弃饮水或茶歇时间，但必须通知裁判员有关决定。

在比赛进行中，面对投手的场上击球员可以代替队长协商放弃饮水时间。

11.10 告知记分员

所有关于比赛间歇的商定，以及在本规则允许的情况下的任何改变，裁判员都应告知记分员。

规则12 比赛开始；比赛暂停

12.1 宣布开始

投手方的裁判员须在比赛开始投第一球

之前，或比赛因间歇、中断停止后而恢复时，宣布“比赛开始”。

12.2 宣布停止

投手方的裁判员须在比赛阶段终止、比赛中断或比赛结束，当球成为死球时，宣布“比赛停止”。见规则20.3（宣布回合结束或暂停）。

12.3 拿掉横木

当宣布“比赛停止”后，必须把两组三柱门上的横木拿掉。

12.4 开始新的回合

除非根据规则12.5.2的情形间歇时间开始或比赛结束时间已到，当一个回合结束后裁判员以正常步速到达投手一方的三柱门后，新回合随即开始。

12.5 一个回合完成

在比赛没有结束时：

12.5.1 如果在一个回合进行中已到达了间歇时间，除规则12.5.2规定外，则必须先完成该回合才能间歇。

12.5.2 如果在规定的间歇时间剩下不到3分钟时，出现击球员被淘汰、离退，或球员们离开球场，则可立即进行间歇。

除非球局已经结束，否则如果回合中断，则该回合必须在重新开赛时继续完成。

12.6 比赛最后1小时—回合数

根据约定的比赛时间，若到最后1小时，则必须完成已进行中的回合。接下来的一个回合则必须是最少20回合中的第一回合，前提是早些时候并没有得出结果且并没有在间歇或中断。投手方的裁判员必须向球员及记分员指示20回合即将开始，并将余下时间作为最后1小时计算，无论其实际时长。当最后一小时的最小回合数已投完，只有在原定比赛结束时间还没到时可以开始更多回合。见规则12.7（比赛最后1小时—比赛中断）和规则12.8（比赛最后1小时—局间休息）。

12.7 比赛最后1小时—比赛中断

如在比赛最后1小时内出现中断，最少应投回合须由20个开始递减如下：

12.7.1 中断时间应由裁判员决定，所损失的时间由比赛停止至比赛重新开始为止计算。

12.7.2 每损失3分钟则须递减一个回合。

12.7.3 如多于一次中断，损失时间不能累计，每次中断时间应单独计算。

12.7.4 余下最后1小时，中断情况已发生。

12.7.4.1 只有在此之后的损失时间方可计算在内。

12.7.4.2 在中断时进行中的回合须在重新开赛时继续，并不应算在最小投球回合数中的一部分。

12.7.5 如在最后1小时已经开始，在一个回合中发生中断情况，该回合须在重新开赛后完成，该回合须算在最小投球回合数中。

12.8 比赛最后1小时一局间休息

如果在最后一小时内，球局结束，则新的球局应在10分钟间歇时间后继续开始。

12.8.1 如果在最后1小时内，间歇时间已开始，则必须根据规则12.7计算在新球局中应投的回合数。

12.8.2 如果在最后1小时内一局已完成，按规则12.8.3、规则12.8.4的情况计算出来的最大回合数进行下面的比赛。

12.8.3 根据余下回合数作计算：

–在球局结束时，最后1小时内应投的剩余最少回合数。

–如非整数必须四舍五入到下一整数计算。

–因间歇时间而从回合数中扣除三个回合。

12.8.4 剩余时间的计算：

–在球局结束时，余下的比赛时间。

–扣除间歇的10分钟。

–每3分钟余下比赛时间等于一个回合，最后不足的3分钟算为一个回合。

12.9 比赛结束

12.9.1 比赛结束

12.9.1.1 一旦达到规则16.1至16.4和规则16.5.1所定义的结果。

12.9.1.2 在最后1小时比赛中所有回合已完成且已到预定的比赛时间，除非提前结束。

12.9.1.3 在规则13.1.2中的情况，与规则13.3.5中最后一局结束。

12.9.2 如果非规则12.9.1的情况，而是球员因遇到恶劣场地、天气及光线或是一些不可预计的情况时，当比赛不可能再继续时离场。

12.10 完成最后一回合比赛

最后一天比赛的最后一个回合必须完成，除非是已得到结果或当球员们已离开球场。除规则16.9（计分错误）的情况外，比赛将结束。

12.11 在最后1小时比赛中，投手未能完成一个回合

如果由于某种原因，投手在最后1小时内未能完成一个回合。适用规则17.8（投手在一回合中未能完成投球或暂停比赛）。本回合应计算在应投最少回合数内。

规则13 球局

13.1 球局数

13.1.1 根据双方的商定，一场比赛中，每队可进行1~2局比赛。

13.1.2 在双方同意下，局数可以以回合数目或时间作限制。如果是根据此种情况，则有下列规定：

13.1.2.1 在一局比赛中，协议同时适用于每队的球局中。

13.1.2.2 在两局比赛中，协议必

须在下列情形中适用：
每队的第一局。
或每队的第二局。
或每队的两局。
对于一局或两局的比赛，商定还必须包括规则16.1（两局比赛的获胜）和规则16.2（一局比赛的获胜）中都不适用时。

13.2 交替局

在两局的比赛中，除规则14（跟随）、规则15.2（放弃球局）中规定外，双方球局比赛应交替进行。

13.3 完成局数

如果有下列任何一种情况出现，其中一方的球局算作完成：

13.3.1 一方击球员全部被淘汰。

13.3.2 回合尚未完结，但已没有击球员能上场击球。

13.3.3 队长宣告球局结束。

13.3.4 队长放弃球局。

13.3.5 如按规则13.1.2中规定所有回合已经投完或规定的时间已到（视情况而定）。

13.4 掷币

双方队长在一名或两名裁判员在场的情况下，在比赛场地上，不早于比赛开始前30分钟、不迟于开始前15分钟完成掷币。然而要注意规则1.3（队长）的规定。

13.5 通知决定

经过掷币后，胜方必须通知对方队长和裁判员其选择是先攻或先守，一经通知后，不得更改。

规则14 跟随

14.1 第一局领先

14.1.1 在五日或以上的两球局比赛中，攻方须领先至少200分时，方可选择要求对方跟随其球局。

14.1.2 相同的选择权亦适用于较短时间的两局比赛，情况为:

–在3~4日赛中领先150分。

–在2日比赛中领先100分。

–在1日比赛中领先75分。

14.2 通知

队长的决定要通知对方队长及裁判员。一旦决定将不可改变。

14.3 输掉第一天的比赛

赛事将由实际开赛日开始计算，不论当

日比赛是由何时开始，第一日的赛事将会被视为整日赛事，比赛将由开始比赛及第一回合开始时算起。见规则17.2（一个回合的开始）。

规则15 宣告及放弃

15.1 宣告的时间

比赛期间，球变成死球时，攻方的队长可随时宣告终止该局比赛。一经宣告的球局会被视为完整的球局。

15.2 放弃球局

队长可在球局开始之前的任何时间放弃己方的球局，此放弃的球局会被视为完整的球局。

15.3 认定

队长的声明或放弃球局的决定必须通知

对方的队长及裁判员。一旦认定，决定将不可更改。

规则16　比赛结果

16.1　两局比赛的获胜

在两局制的比赛中，总得分超过对方总得分的一方获得比赛的胜利。见规则13.3（完成局数），还需注意规则16.6（击球方赢球一击或额外分）。

16.2　一局比赛的获胜

一队在一局比赛内得到的分数超越另外一队的总分则为胜方。见规则13.3（完成局数），还需注意规则16.6（击球方赢球一击或额外分）。

16.3　裁判员宣布比赛结果

不管规则13.1.2（球局数）下达成的协议。

16.3.1 一方将输掉比赛，如果：

16.3.1.1 承认被击败。

16.3.1.2 被裁判员认为拒绝比赛。

如此则由裁判员宣布另一方获胜。

16.3.2 如裁判员认为某球员的行为可构成拒绝比赛，裁判员们应考虑其行为原因，如同时认为该行为构成一方拒绝比赛，裁判员应通知拒绝比赛一方的队长，如队长坚持该队之行为，裁判员应宣布另外一方根据规则16.3.1规定获胜。也可参见规则42.6.1（队长拒绝让球员离场）。

16.3.3 如规则16.3.2的行为是在比赛开始以后发生且不构成拒绝比赛：

–损失时间应从该行为开始计算至比赛重新开始，不包括比赛间歇（规则11）和在危险或不合理情况下暂停比赛（规则2.8）。

–结束时间应根据所延误的时间顺延。

–如发生在比赛的最后1小时内，不应因此而递减回合数目。

16.4 如果比赛情况符合在规则13.1.2中的情况

对于在规则13.1.2（球局数）中协定的比赛情况，如果结果不是以规则16.1至16.3中的方式确定的，则结果应按该协定的方式确定。

16.5 其他情况—平局或不分胜负

16.5.1 平局

如所有局数已完成而双方得分相同，则该场比赛判为平局。

16.5.2 不分胜负

如果按照规则16.1至16.4和规则16.5.1方式均无法确定比赛结果，

则比赛结果宣布为不分胜负。

16.6 击球方赢球一击或额外分

16.6.1 如根据规则16.1至16.4和规则16.5.1得到比赛结果，所有在赛后发生的事情均不算为比赛的一部分，除了规则41.18.2（罚分）之外，还需注意规则16.9（计分错误）。

16.6.2 如后攻一队已得足够分数取胜而无需计算击球员因接杀或阻碍接杀出局的得分。

16.6.3 如击球员在边界得分前没有取得足够分数取胜，则最后一击的边界得分全部归入击球方得分中，边界得分计入击球员得分。

16.7 宣布结果

如果是后击球方获胜，还有击球员未被淘汰，比赛结果应以还剩下多少击球员的方式宣布赢得比赛。

如果是后击球方球员全部被淘汰，没有得到足够多的分数超过对方，但因获得5个罚分而总分超越对方队伍，则应公告为该方以罚分获胜。

如果后防守方获胜，比赛结果应公告为以多少分获胜。

如果一方承认比赛失败或拒绝比赛，比赛结果应公告为承认落败或另一方获胜。

16.8 结果校正

任何关于分数是否正确的决定都应该由裁判员负责。见规则2.15（分数的核对）。

16.9 计分错误

如裁判员与球员认为比赛已结束而离开球场，而其后裁判员发现计分有误而该错误影响到最后的比赛结果，则根据规则16.10（比赛结果不再改变）应采取以下方法：

16.9.1 如果当球员离开场地时，获胜的击球方尚未完成其局数，同时应投回合数未完或同意的结束时间未到。则除非一方承认失败，裁判员应命令比赛重新开始。除非已有比赛结果，否则比赛应继续至应投回合投完或比赛时间到，应投回合或余下时间不包含球员离场至重新开赛之间的时间。

16.9.2 如果比赛结束时，回合数已经投完或没有比赛时间，或后击球方已经结束球局，裁判员应立即告诉双方队长必要的分数纠正和导致的比赛结果改变。

16.10 比赛结果不再改变

当裁判员与记分员共同认为比赛结束，比赛结果正确，见规则2.15（分数的核对）和规则3.2（分数核对），比赛结果将不再改变。

规则17 回合

17.1 球数

每一回合应投6球，轮流从两边的三柱门投。

17.2 一个回合的开始

回合的开始应当为投手开始其助跑时，如果他并未助跑，则以其在该回合的第一次投球动作开始时算起。

17.3 球的有效性

17.3.1 任何未被投出的球，都不会被计算入该回合的6球内，包括击球员如规则41.16（副击球员过早离开他/她的区域）已出局或是在投球前出现的一些意外。

17.3.2 投手投出的球，在下列情况下不被计算入6球之一。

17.3.2.1 当击球员未接触球前，球已被判为死球，或是将被判为死球。见规则20.6（死球：球算为一个回合的球数之一）。

17.3.2.2 根据规则20.4.2.5和规则20.4.2.6（裁判员宣布及判定死球）判为死球时。

17.3.2.3 无效球（规则21）。

17.3.2.4 宽球（规则22）。

17.3.2.5 根据规则24.4（未经允许返回场地）、规则28.2（接球）、规则41.4（故意干扰击球员）和规则41.5（故意干扰、欺骗或阻碍击球员）情况出现时。

17.3.3 除规则17.3.1和规则17.3.2所列之外都算作有效球。只有有效球才能算作一个回合中的6个球之一。

17.4 宣布回合结束

当已完成6个有效投球后，球成死球时，裁判员必须宣布一个回合已完成，然后离开三柱门。见规则20.3（宣布回合结束或暂停）。

17.5 裁判员的错误计算

17.5.1 如果裁判员算错了有效球的数量，那么此回合裁判员立场有效。

17.5.2 如果裁判员计算错误，在已完成6个有效球后回合还在继续，他/她在随后的任何一次投球结束变成死球时叫回合结束，即使投球不是有效球。

17.6 投手换边投球

如果投手没有在同一局内连续投出两个

回合或两个回合中的部分投球，则投球方向可自由选择。

17.7 一个回合的结束

17.7.1 除了一局比赛结束以外，一般情况下，投手须完成进行中的一个回合，除非投手不能再投球或比赛暂停。

17.7.2 除了一局比赛结束以外，不论在何种原因下，回合在未完成前中断，则必须在比赛重新开始后继续投完。

17.8 投手在一回合中未能完成投球或暂停比赛

如果在任何原因下，在投手已经开始投出首球，或是在一个回合中，投手未能继续投球或被暂停比赛时，裁判员必须宣布及指示为死球。由替换上场的投手从三柱门同一侧投完回合余下的球数，但替换投手不能在下一回合继续投球或同一局内连续投两个回合。

规则18 得分

18.1 分

跑分累计得分，跑分包括：

18.1.1 在比赛中，两个击球员成功交叉从自己击球区跑至对面击球区的次数。

18.1.2 将球击出边界，得分。见规则19（边界）。

18.1.3 罚分。见规则18.6（罚分）。

18.2 无效分

凡在规则中符合对得分和处罚分的规定，以及在得分和受到处罚分算作无效分的情形下，跑分或罚分将予以取消。跑分取消时，无效球和宽球罚分以及5分罚分是允许的，在规则28.3（防守方保护性头盔）下的罚分不算。

18.3 短跑

18.3.1 如击球员未能成功跑进安全区而转身做下一个1分的跑动。

18.3.2 虽然前一次出现短跑时击球员未能从安全区出发，但随后的跑动如果成功完成，则后面的跑分不算为短跑。如果副击球员从击球线前起跑，将不被算为短跑。

18.4 非故意短跑

在规则18.5（故意短跑）的情况下除外。

18.4.1 如果任何一名击球员出现短跑，除非有边界球得分，裁判员须在死球时立即宣判短跑，而且所得分数不应计算在内。

18.4.2 如果边界得分，裁判员无须理会短跑，不用判罚。

18.4.3 如两名击球员在同一分内同时短跑，裁判员应只判一个短跑。

18.4.4 如果短跑超过一次以上，参见规则18.4.2和规则18.4.3情形，则所有短跑均不记分。

18.4.5 如多过一次短跑，裁判员须将应得分数告知记分员。

18.5 故意短跑

18.5.1 如果任何一名裁判员认为一名或两名击球员出现故意短跑，在死球后裁判员要给出短跑手势，并通知另一名裁判员，适用于规则18.5.2。

18.5.2 投手侧裁判员需要：

–取消击球方所有跑分。

–如果击球员未被淘汰，则须退回到其原有位置。

–如果需要的话，向记分员发出宽球、无效球的手势。

–为防守方加5分。

–除规则28.3（防守方保护性头盔）外的其他罚5分的判罚。

–通知记分员应记跑分数。

–将此判罚的理由通知防守方队长，并在可行的情况下通知击球方队长。

18.5.3 裁判员应在比赛结束后一起马上主动向犯规方和负责比赛的管理机构报告事件，管理方应对涉事队长、犯规个人或队伍采取适当行动。

18.6 罚分

除上述规则外，规则24.4（未经允许返回场地）、规则26.4（违规的处罚）、规则21（无效球）、规则22（宽球）、规则28.2（接球）、规则28.3（防守方保护性头盔）、规则41（不公平比赛）、规则42（球员行为）下的罚分也有效。然而要注意，规则23.3（不判触身得分）、规则25.6（击球员和跑手的淘汰和控制）、规则25.7（对击球员跑手的限制）、规则28.3（防守方保护性头盔）、规则34（二次击球）、规则41.14（击球员损坏球道）和规则41.15（在保护区内的击球员）下的罚分规定限制。

18.7 边界得分

在规则19（边界）中的得分为边界得分。

18.8 击球员被淘汰时的得分

当击球员被淘汰时，任何一方被罚的分数都应有效。除下列情况外，不将得分算入击球方。

18.8.1 如果击球员因阻碍防守而出局，击球方在犯规前的所有得分有效。但如果是击球员阻碍接杀被淘汰，则除罚分外，所有跑分无效。

18.8.2 如果击球员因在跑分过程中被淘汰，击球方应得其出局前的有效分数。但如果出现规则25.6.5（击球员和跑手的淘汰和控制）中情况，则所有跑分均无效。

18.9 当成为死球而不是三柱门倒落时的得分

当球成为死球而不是三柱门倒落时，或裁判员做出死球判罚时，除非规则另有规定，所有罚分都算作有效。不过请注意规则23.3（不判触身得分）和规则28.3（防守方保护性头盔）。

另外，击球方在下列情形下得分有效：出现事件或判罚死球时，击球员已经完成和成功交叉完的跑分。请注意规则41.5.8（故意干扰、欺骗或阻碍击球员）。

18.10 得分计数

除非另有规定，按下述规则：

18.10.1 如果球被板击中，则所有得分均算在击球员名下，但下列情况除外：

–被罚5分应算为罚分。

–无效球的1分算为无效球罚分。

18.10.2 如果球未被板击到，则视情况分别算为罚分、漏击得分、触身得分、无效球或宽球分。如果无效球时出现漏击得分或触身得分，则无效球只能记为1分，漏击得分和触身得分另外计算。

18.10.3 投手分数应记：

–所有击球员所得分数。

–所有无效球送分。

–所有宽球得分。

18.11 击球员回到原位

18.11.1 当击球员在规则18.11.1.1至18.11.1.6中任何情况被淘汰时，未被淘汰的击球员应回到他原来的位置。

18.11.1.1 在规则25.6.4或规则25.6.5（击球员和跑手的淘汰和控制）情况下被淘汰。

18.11.1.2 投杀。

18.11.1.3 桩杀。

18.11.1.4 二次击球淘汰。

18.11.1.5 挡杀。

18.11.1.6 自击三柱门淘汰。

18.11.2 击球员在规则18.11.2.1至18.11.2.3任何一种情况下应回到其原来的位置。

18.11.2.1 边界得分。

18.11.2.2 任何原因的得分被取消。

18.11.2.3 击球员因规则41.5（故意干扰、欺骗或阻碍击球员）而被淘汰。

18.12 击球员返回自己的三柱门

18.12.1 当击球员以规则18.12.1.1至18.12.1.3中的任何方式被淘汰，未出局的击球员应回到他之前离开的三柱门，但前提是击球员在淘汰事件发生时并没有完成跑动交叉。如果得分无效，未被淘汰的击球员应回到原位。

18.12.1.1 接杀。

18.12.1.2 阻碍防守。

18.12.1.3 除规则25.6.4和规则25.6.5（击球员和跑手的淘汰和控制）之外的跑杀。

18.12.2 如果在跑分过程中，球成为死球，没有击球员被淘汰，击球员需返回之前离开的三柱门，但前提是当死球时击球员没有交叉。但如果是规则18.11.2.1至18.11.2.3的情况，击球员需要返回原位。

规则19 边界

19.1 确定比赛场地的边界

19.1.1 掷币前，裁判员必须与双方队长确定比赛球场的边界线，在比赛过程中边界线固定不变。见规则2.3.1.4（与队长商议）。

19.1.2 在比赛的任何阶段，两侧的助视屏不得放置在比赛场地之内。

19.2 识别和标记边界

19.2.1 在可行情况下，场地的边界线用连续的白线或与地面接触的物体作标记。

19.2.2 如果用白线作边界线标记时：

19.2.2.1 距离球道较近的边界线内沿为场地的范围标志。

19.2.2.2 一些物体如旗子、柱子或木板仅用于突出在地面上标记线的位置，需放置于边界线外，而本身不作为边界线的一部分。

19.2.3 如果边界是用与地面接触的物体来标记的，那么边界就是物体与地面部分接触的边缘，也就是将离球道最近的内沿视作边界线。

19.2.4 如果没有白线或物体提供连续标记，则可用旗、柱或板等物标记边界上特定的几个点。边界就是地面上连接两个就近标记点的假想直线。

19.2.5 如果不是规则19.2.2至19.2.4中确

定的边界，在掷币前裁判员要提前确定边界线。

19.2.6 除19.2.7中情况外，在场地中的障碍物，除非在掷币之前确定，否则不作为边界线。见规则2.3.1.4（与队长商议）。

19.2.7 任何人或动物进入到场地时，除非该人或动物与球进行了接触，否则不视为边界。具体情况根据实际情况裁定。

19.3 恢复边界

如果用于标记边界线的物体受到干扰和破坏，则：

19.3.1 边界线仍应视为在原来的位置上。

19.3.2 应尽快恢复标记物至原状，如果在比赛进行中，在死球后尽快恢复。

19.3.3 如果栅栏或其他标志的一部分进入场地，应尽快将该部分从球场中移开，如果在比赛进行中，在死球后尽快移出。

19.4 球出边界线

19.4.1 如果球接触以下部分，为球在边界线外着地：

–标记物体的边缘或任何部分。

–边界外的地面。

–连接地面的边界外物体。

19.4.2 下列情况被视为球出边界线：

–一名防守队员像规则19.5那样站在边界外面触球。

–一名防守队员在界内接住球，在完全控制住球成接杀前，持球过程中人接触边界线以外的地面。

19.5 防守队员处于边界线外

19.5.1 如果防守队员身体的一部分与下面任何一种情况接触，则为处于边界线外：

–边界线或用于标记边界线的物体的任何部分。

–边界外的地面。

–任何与边界外地面接触的物体。

–另一名站在边界外的防守队员，如果裁判员认为其本意是帮助防守接球。

19.5.2 如果一名防守队员在投手投球后第一次与球接触前，没有完全站在边界线内，则被视为在边界线外触球。

19.6 边界得分

19.6.1 在掷币之前，裁判员必须按照与双方队长根据场地条件定下的协议给出边界得分。

19.6.2 除规则19.6.1情况以外，边界得分为边界4分球和边界6分球。见规则19.7（边界得分）。

19.7 边界得分

19.7.1 如果击球员用板击到球，并且球的第一落点在场地之外则被算为6分球。即使球先接触到防守队员，这种情况也符合。

19.7.2 如果球接触地面后出边界线则算为4分球：

–无论是否被板打到，第一落点在边界线之内。

–没有被板击中。

19.7.3 当球打至边界外后，除了规则19.8（暴传或防守队员的故意行为）的情形之外，算以下两者中得分较大者。

19.7.3.1 边界球得分。

19.7.3.2 在球出边界那一刻，击球员已经完成的跑分，包括已交叉跑位的1分。

19.7.4 在规则19.7.3.2中如果跑分超出边界线得分，则代替边界线得分，参照规则18.12.2（击球员返回自己的三柱门）的意图。

19.7.5 罚分不受边界球得分的影响。

19.8 暴传或防守队员的故意行为

如果边界得分是由于暴传或防守队员的故意行为，得分应计为任何一方的罚分，边界得分，在球出边界线的一刻所有已完成的跑分和已成功交叉的跑分。在球出边界线的一刻，适用于规则18.12.2（击球员返回自己的三柱门）。

规则20 死球

20.1 死球

20.1.1 下列情况为死球。

20.1.1.1 当球最终到了守桩员或投手的手中。

20.1.1.2 边界得分。规则19.7（边界得分）。

20.1.1.3 击球员被淘汰，从判定被淘汰时的瞬间球被认为死球。

20.1.1.4 不论比赛进行与否，当球被困于球板与击球员之间或击球员的衣服或装备之间。

20.1.1.5 不论比赛进行与否，当球被置于击球员或裁判员的衣服或装备中。

20.1.1.6 根据规则24.4（未经允许返回场地）和规则28.2（接球）中的任何一条违规导致进行罚分处罚，球不计在一个回合中。

20.1.1.7 违反规则28.3（防守方的保护性头盔）。

20.1.1.8 比赛以规则12.9（比赛

结束）的任何方式结束。

20.1.2 如投手侧裁判员清楚判断出防守方球员及两名击球员均认为球已不在比赛状态中，则视为死球。

20.2 球最终停下

球最终是否停下由裁判员作为最终判决者。

20.3 宣布回合结束或暂停

无论是宣布回合结束（规则17.4）或宣布停止（规则12.2）都要在死球之后宣布。见规则20.1（死球）和规则20.4（裁判员宣布及判定死球）。

20.4 裁判员宣布及判定死球

20.4.1 当发生规则20.1的情况时，投手侧裁判员通知球员宣判为死球。

20.4.2 在下列情况下两名裁判员均可判

定为死球：

20.4.2.1 出现不公平比赛。

20.4.2.2 当球员或裁判员出现严重的受伤。

20.4.2.3 当为咨询离开裁判员位置。

20.4.2.4 击球员击球前三柱门上的小横木掉下。

20.4.2.5 如果击球员认为还没有准备好击球，而投手将球投出，击球员没有击球的尝试。如果裁判员认为有充分的理由，则该球不算为一个回合的投球数。

20.4.2.6 如果击球员在准备击球或正在击球时，被任何噪音或队员移动或其他方式分散注意力，不论该干扰是在比赛场内还是场外发生，此条例均适用。如规则20.4.2.7，此球不算为一个回合的投球数。

20.4.2.7 在规则41.4（故意干扰击球员）和规则41.5（故意干扰、欺骗或阻碍击球员）中的情况下，有故意分散击球员注意力的行为，此球不算为一个回合的投球数。

20.4.2.8 在投球前投手意外地将球掉下。

20.4.2.9 在任何原因下，球并未离开投手的手，投手不想在投球前杀掉副击球员。见规则41.16（副击球员过早离开他/她的区域）。

20.4.2.10 球在比赛中无法找到。

20.4.2.11 根据上述未包括的任何其他规则需要做出的死球判决。

20.5 球不再为死球

当投手开始其助跑或做出投球动作，球

会被视为开始进入比赛中，不是死球。

20.6 死球：球算为一个回合的球数之一

20.6.1 当已投出的球被认为是死球时，规则20.6.2除外。

20.6.1.1 当击球员没有机会击球时，此球将不被算在本回合投球数中。

20.6.1.2 如果击球员有机会击球时，此球将是一个有效球，除非出现宽球或无效球，但规则20.4.2.6、规则24.4（未经允许返回场地）、规则28.2（接球）、规则41.4（故意干扰击球员）和规则41.5（故意干扰、欺骗或阻碍击球员）情况除外。

20.6.2 在规则20.4.2.5中，只有在击球员没有准备好击球且有充分理由的情况下，球才不会算作回合数中的一个，否则将是有效球。

规则21 无效球

21.1 投球方式

21.1.1 裁判员必须确认投手是使用右手投球还是左手投球、越过或是绕过三柱门，且必须通知击球员。

如果投手并未通知裁判员其改变投球模式则会被视为不公平。在此情况下，裁判员会判罚为无效球。

21.1.2 除非比赛前预先有特别协议，否则，任何下手式投球均不被允许。

21.2 公平投球——手臂

作为一次公平投球，球一定是投出而不是扔出的。

投手的手臂在投球时达到肩部水平高度以后，直到球出手，肘关节不能再有部分或完全的伸直变化。如果肘关节有明显变化，则为不公平投球。手腕在投球时弯曲和旋转是可以的。

尽管评估投球时肘关节弯曲是否公平主要是击球侧裁判员的责任，但规则也允许投手侧裁判员认为球是被扔出时作出无效球判罚。

21.3 球被扔出或下手投球—裁判员的行动

21.3.1 如果投手投球时，任意一名裁判员认为球是被扔出或下手投球，除非是21.1.2中情况事先允许，否则下手投球或扔球都要判为无效球，并在死球后告知另一名裁判员原因。

投手侧裁判员应：

-警告投手，这是第一次警告也是最后一次警告，该项警告会在整局内生效。

–将这一判罚的原因通知防守方队长。

–通知迎球的击球员。

21.3.2 如果任何一位裁判员认为同一局内同一投手继续扔球时，除非规则21.1.2中情况允许，裁判员须立即判罚为无效球，并在死球后通知另一名裁判员。

投手侧裁判员应：

–告诉防守方队长此投手暂停投球，必须指示场内的队长立刻撤换投手，并以另一名投手替代其完成该回合。而替换的投手必须未曾在之前或之后一个回合担任投手。已被撤换的投手不能再在该局比赛投球。

–将此判罚通知击球员并在可能的情况下通知击球方队长。

21.3.3 有关裁判员必须就上述情况在赛

后尽快向比赛主办方报告有关事宜，并由他们进一步就队长、任何其他相关个人和队伍采取适当行动。

21.4 投手在投球前向击球员扔球

如果当投手进入投球动作前，向迎球击球员方扔球，任何裁判员均可宣布及指示为无效球。见规则41.17（击球员偷跑）。规则21.3（球被扔出或下手投球—裁判员的行动）中所述的警告、通知、处罚投手和报告等程序不适用于此种情形。

21.5 公平投球——足

公平投球的脚部，要求投球步。

21.5.1 投球过程中，投手的后足落地点必须在返回线以内，不可触及返回线。

21.5.2 投手的前足无论是悬空还是着地，必须有一部分在击球线之后着地，且落地点在两三柱门假想中心线与返回线在同一侧。

如果投手侧的裁判员对投手上述的两项动作认为违规时，裁判员可判罚为无效球。见规则41.8（投球时前脚故意越线的无效球）。

21.6 投手在投球时碰倒三柱门

除非是规则41.16（副击球员过早离开他/她的区域）中的情况，击球员试图将副击球员淘汰出局，否则，投手在开始投球跨步后且完成跨步前任何时候碰倒三柱门，任意一名裁判员须判罚为无效球。这其中包括从投手的衣服和身上掉下来的物品等碰倒三柱门。附录A12和规则20.4.2.8、规则20.4.2.9、规则21.12（取消无效判罚）适用。

21.7 球反弹多于一次，或沿场地滚动或弹出球道

裁判员如果认为投出的球并未触及球板或击球员身体。

–在到达击球线前反弹多于一次。

–或沿场地滚动。

–或在球到达击球员之前，球落地点完全或部分落在规则6.1（球道的面积）规定区域之外。如果是非天然草坪，球全部或部分落在人造球道之外时。

21.8 球在击球员三柱门前停下

如果投手投出的球在未曾触及球板或击球员身体时，在击球员击球线前停下，裁判员须先判罚为无效球，再立即判定为死球。

21.9 防守队员阻断投球

如果投手投出的球，既没有碰到击球员

的球板和身体，也没有越过击球线，在击球员击球之前，防守队员用任何身体部位接触到球，规则27.3（守桩员的位置）的情形除外，裁判员应判定为无效球，再立即判定为死球。

21.10 球反弹后超过击球员头部高度

投出的反弹球，如果反弹后高度达到或超过站在击球线上的击球员的头部时，裁判员要判罚为无效球。

21.11 在其他情况下的无效球

除了以上的例子外，裁判员须根据下列的规则做出无效球的判决：

规则27.3–守桩员的位置。

规则28.4–击球员身后方防守队员的限制。

规则28.5–防守队员不可侵入球道。

规则41.6–危险投球及不公平的高弹球。

规则41.7–危险投球及不公平的不落地投

球。

规则41.8–投球时前脚故意越线的无效球。

21.12 取消无效判罚

裁判员可根据规则20.4.2.4至20.4.2.6和规则20.4.2.8至20.4.2.9（裁判员宣布及判定死球）取消无效球判罚。

21.13 无效球优先于宽球

在任何情况下，无效球应优先于宽球的裁决。见规则22.1（宽球的判罚）和规则22.2（宽球的手势及口令）。

21.14 赛球并未成为死球

当宣布为无效球时，球并未成为死球。

21.15 无效球的罚分

当宣布为无效球时，攻方可得一分。整项惩罚会立即生效，即使击球员被判出局。整个惩罚会连同其他得分、边界得分及其他罚分一同累加。

21.16 无效球下的得分计算方法

无效球的罚分会被计入无效球额外分，并同时记入投手名下。如果有其他罚分时，则按规则 41.18（罚分）的计分法。如果球被击球员用板击中，任何击球员跑分或边界得分会被计入到击球员名下，否则加入漏击得分和触身得分的额外分内。

21.17 无效球不被计算

无效球不计入回合的投球数目，见规则 17.3（球的有效性）。

21.18 无效球下的淘汰

当被判为无效球后，除规则34（二次击球）、规则37（阻碍防守）、规则38

（跑杀）外都不被淘汰出局。

规则22 宽球

22.1 宽球的判罚

22.1.1 根据规则22.1.2的定义，如果投手投出的球不是无效球，而球的路线是宽于击球员的正常击球位置，当球超过击球员正常击球线时，裁判员须判断为宽球。

22.1.2 击球员在正常情况下挥击球板，因球超出范围而击不到的球被视为宽球。

22.2 宽球的手势及口令

如果裁判员判定该投球为宽球时，他须在球超越击球员的三柱门时喊出并做出宽球手势。不过，当球被投出时如已判定为宽球，判罚宽球仍须待球通过三柱门后才可做出，不可提前喊出并做手势。

22.3 取消宽球的判罚

22.3.1 球投出后，如果在和任何防守队员有接触之前，接触到击球员球板和身体，则须取消宽球的判罚。

22.3.2 如果投球为无效球，则裁判员应取消此球为宽球的判罚。见规则21.13（无效球优先于宽球）。

22.4 投球非宽球

22.4.1 如果由于击球员的移动导致球宽于其击球位置，如规则22.1.2中定义的球，或者由于击球员的移动使得球可以在其正常的击球范围内被击中。

22.4.2 如果球触碰击球员的球板或身体则不被判为宽球（仅当球经过击球员时）。

22.5 非死球

当宣布为宽球时，球不算作死球。

22.6 宽球的罚分

当宣布为宽球时，会立即加1分给予击球方。除非宽球被取消，见规则22.3（取消宽球的判罚）。即使击球员被判出局，罚分也算，罚分会连同跑分、边界得分和任何其他罚分一起计算。

22.7 宽球所得的分数—计分

当出现宽球时，所有击球员完成的跑分和边界得分加上宽球的罚分算作宽球罚分。除罚5分外，所有因宽球而得的分数应记入投手名下。

22.8 宽球不计算入回合球数

宽球不计入为回合内的球。见规则17.3（球的有效性）。

22.9 宽球下的出局

当被裁决为宽球时，击球员下列情况下会被判出局：规则35（自击三柱门/自杀）、规则37（阻碍防守）、规则38（跑杀）和规则39（桩杀）。

规则23 漏击得分和触身得分

23.1 漏击得分

如果球经过击球员时未触碰到球板或其身体，而球又非宽球时，任何得分须以漏击得分计算入攻方的分数内。如果是无效球，罚分正常计算。

23.2 触身得分

23.2.1 如果当投手投球后，球首先触碰到击球员的身体，只有在裁判员确认击球员试图用板击球，或尝试避开危险，以免被球砸到，才可以判罚触身得分。

23.2.2 如果裁判员认为上述条件已符合，则按以下判罚：

23.2.2.1 球与击球员的板和击球员没有任何接触或无意的接触，后面无论跑动得分或边界得分，除击球员用板碰到的算入击球得分外，得分应按规则23.2.3归击球方。

23.2.2.2 如果击球员故意进行二次合法击球，规则34.3（合法二次击球）、规则34.4（合法二次击球的得分）适用。

23.2.3 在规则23.2.2.1中除非算为击球员的得分的情况下，都应记为触身得分。另外，如果是无效球，则无效球得分正常记入。

23.3 不判触身得分

如果规则23.2.1中的情况均不成立，则不会记为触身得分。

如果球没有因为其他原因变成死球，裁判员应在第一分跑动后或边界得分后判罚死球。裁判员则须：

–取消所有击球方的得分。

–未淘汰的击球员须回到其原先位置。

–应向记分员发出无效球手势。

–除规则28.3（防守方保护性头盔）外，罚击球方5分。

规则24　防守队员缺席；替补队员

24.1　替补防守队员

24.1.1 裁判员应允许替补防守队员上场：

24.1.1.1 如果在比赛期间一名防守队员受伤或生病。

24.1.1.2 或者任何其他完全可以接受的理由。

其他情况下，不允许替换队员。

24.1.2 替补队员不可以担任投手或队长，但经裁判员同意可担任守桩员。但需注意规则42.7（关于三级和四级犯规的其他补充要点）。

24.1.3 名单上提名的球员虽然曾被替补换过，但仍可以上场投球或防守。见规则24.2（防守队员缺席或离场）、规则24.3（处罚时间不算）、规则42.4（三级犯规及裁判员行动）。

24.2 防守队员缺席或离场

24.2.1 一名球员在担任防守任务时短暂地走出边界，就本规则而言，可视为离开球场，不被认为缺席。

24.2.2 如果一名防守队员从比赛开始时或随后任何时间离场。

24.2.2.1 应告知裁判员原因。

24.2.2.2 未经裁判员同意，不可在比赛阶段返回赛场。见规则24.4（未经允许返回场地）。裁判员必须在适当情况下尽快同意让球员进场。

24.2.2.3 直到他/她回到球场上一段时间后才可以投球。惩罚时间参见规则24.2.3至24.2.7和规则24.3（处罚时间不算）。

24.2.3 对球员的处罚时间最多为90分钟。

24.2.4 如果球员在处罚时间内离场，则剩余时间结转。

24.2.5 在任何缺席的情况下，球员离开场地的时间应加上之前未完成的处罚时间（受制于规则24.2.3），所有处罚时间结束方可投球。

24.2.6 如果在比赛中有不在安排内的间歇休息，则暂停时间计算在处罚时间以内，但条件是：

24.2.6.1 休息开始时在场地的防守队员，当重新开赛后要么在场地进行防守，要么是正在击球的队伍的队员。

24.2.6.2 在休息开始时不在场地的防守队员，亲自告知裁判员可以尽快在恢复比赛后上场防守，或是正在击球的队伍的队员。在裁判员得到通知前的停止时间不算为惩罚时间。

24.2.7 任何未完成的处罚时间限制在第二天和后续日同一局比赛内继续生效。

24.2.8 如果是防守队员在规则42.4（三级犯规及裁判员行动）的三级处罚造成的处罚时间，比赛的暂停期不得算作处罚时间。

24.2.9 如果是替补队员在规则42.4（三级犯规及裁判员行动）内的三级

处罚，则应适用下列规则：

24.2.9.1 如果是名单提名的球员在暂停阶段后进入场地防守，由于停赛而在场外的时间不能算作其处罚时间内。但是，任何在犯规导致比赛暂停之前离开场地的时间仍然算作惩罚时间，受规则24.2.3约束。

24.2.9.2 如果名单提名球员在暂停结束后没有上场比赛，则其整个缺赛时间都将被视为处罚时间，最多90分钟。

24.3 处罚时间不算

在下列情况下，缺席队员不会招致处罚时间：

24.3.1 球员在比赛中遭到了外伤，因此其有理由离开球场或无法上场防守。

24.3.2 裁判员认为球员除了受伤或疾病以外的其他合理原因缺席或离开场地。

24.4 未经允许返回场地

如果球员在违反规则24.2.2的情况下进入赛场并接触比赛中的球，此球立即被判为死球。

–裁判员须加5罚分给击球方。

–在犯规之前击球员完成得分和犯规时正在跑动交叉的得分有效。

–该球不计入该回合中的一球。

–裁判员必须通知另一名裁判员、防守队队长、击球员，以及在适当情况下通知击球方队长。

–裁判员须在赛后尽快共同向犯规方领队及比赛负责机构报告有关事项。该监管机构须对有关队长及犯规队员和队伍采取适当行动。

规则25 击球局；跑手

25.1 作为击球员或跑手的资格

只有上场名单内的队员才可作为击球员或跑手，受制于规则25.3（对开场击球员的限制）和规则25.5.2，尽管该队员可能先前曾被一名替补防守队员替换过。

25.2 击球局的开始

开场击球员或任何在比赛停止后重新开始新上场的两名击球员的击球局从裁判员喊“比赛开始”时算起。其他时候，从一名击球员第一步踏入比赛场地时，算为其击球局开始。

25.3 对开场击球员的限制

25.3.1 如果击球方队员有处罚时间没完成，见规则24.2.7（防守队员缺席或离场），则其不能作为击球员或跑手，直到其处罚时间结束。然而，即使其处罚时间未到，其仍然可在本队已经5人被淘汰时上场击球。

25.3.2 击球员的处罚时间可在击球时执行，见规则25.3.2.1、规则25.3.2.2的情形。

25.3.2.1 因触犯规则42.4（三级犯规及裁判员行动）的三级犯规的暂停时间不能计算在处罚时间内。

25.3.2.2 当出现意外停止时，击球员亲自告诉裁判员可以击球后的停止时间，算在处罚时间内。

25.3.3 如果在一个击球局中仍有未完成的处罚时间，则在适当情况下转到下一局继续执行。

25.4 击球员离退

25.4.1 击球员可以在死球状态时申请离退，但应告知裁判员离退原因。

25.4.2 如果击球员的退下是由于生病、受伤或是其他无法避免的原因，他有权重新参加未完成的一局比赛。但如果因任何原因他没有再比赛，该球员则被记录为“离退—不淘汰”。

25.4.3 如果击球员因非规则25.4.2中的其他原因离退，除非得到对方队长同意，否则不可重新参赛。如果因为任何理由他没有再比赛，则记录为“离退—淘汰”。

25.4.4 如果击球员离退后根据规则25.4.2、规则25.4.3重新参赛，他必须待其他击球员被淘汰时或有另一名击球员离退出场后，方可进场比赛。

25.5 跑手

25.5.1 下列情况，裁判员允许一名击球员带一名跑手：

25.5.1.1 击球员受伤且明显影响其跑动。

25.5.1.2 事件发生在比赛期间。

其他情况下不允许带有跑手。

25.5.2 跑手须：

25.5.2.1 是击球方的一员。

25.5.2.2 在可能情况下，在该局内击过球；如果是没有击过球的球员，一旦比赛中情况发生改变，出现被淘汰的击球员可以充当跑手，此时跑手必须立即更换。

25.5.2.3 只有在裁判员同意后才能替换。

25.5.2.4 穿戴同受伤击球员一样的护具并手持有球板。

25.5.2.5 符合规则24.2.7（防守队

员缺席或离场）规定，没有处罚时间。

25.5.3 除非对跑手有特殊的规定，否则跑手和击球员一样受到规则约束。见规则30.2（击球员领地的判定）。

25.6 击球员和跑手的淘汰和控制

25.6.1 一名带有跑手的击球员，就像击球员自身一样，受到规则的约束和处罚。特别是跑手违反了规则37（阻碍防守）、规则38（跑杀），击球员将会一样被淘汰。

25.6.2 如果是带有跑手的主击球员，更要受到规则限制及可能会受到处罚。然而，在跑杀和桩杀中，注意规则25.6.3至25.6.5适用于有跑手的击球员。

25.6.3 带有跑手的击球员，他的安全领地总是在守桩员一侧。

25.6.4 如果有跑手的击球员站在他的安全区域以内，但他的跑手离开了安全区域，三柱门被击倒，则击球员同样被淘汰。见规则38（跑杀）的情形。

25.6.5 如果有跑手的击球员离开他的安全区，守桩员一侧的三柱门被击倒，则根据规则38（跑杀）、规则39（桩杀）击球员也要被淘汰。如果跑手也在守桩员一侧的安全区域外，则仅规则38（跑杀）适用。

25.6.6 如果带有跑手的击球员因为规则25.6.5情形被淘汰，裁判员应：

–取消所有刚完成的跑分。

–让未被淘汰的击球员退回原位。

–罚击球方5分。

25.6.7 当有跑手的击球员为副击球员时：

25.6.7.1 如果出现规则37（阻碍

防守）中的情况时被淘汰，否则不被视为在比赛中。

25.6.7.2 须按照击球侧裁判员指示站在不得干扰比赛的区域。

25.6.7.3 虽然根据规则25.6.7.1没有在比赛中，但如果出现不公平比赛的任何行为而违反规则，同样会被处罚。

25.7 对击球员跑手的限制

25.7.1 一旦球进入比赛状态，受伤击球员的跑手身体或板的一部分要在击球线之后，直到球通过击球员或击球线，以较早者为准。

25.7.2 如果击球侧裁判员认为跑手违反了这个限制，如果此球没有其他原因变成死球，则当球被打出边界或第一次跑分结束时，击球侧裁判员应立即宣判此球为死球。

如果有机会被接杀，则可延迟判罚死球。投手侧裁判员应：
–取消击球方所有得分。
–未被淘汰的击球员回到原位。
–除非有规则28.3（防守方保护性头盔）情况的罚分以外，罚击球方5分。

规则26　场地中的练习

26.1　在球道或中央区其他部分练习

26.1.1 比赛日的任何时间内，在球道上不可做任何练习。

26.1.2 除非得到裁判员的允许，比赛日的任何时间内不可在中央区的其他部分做任何练习。

26.2　在外场练习

26.2.1 比赛期间可以在外场做任何练

习，包括比赛开始之前和比赛结束之后，以及用餐和茶歇时间或两局之间，前提是裁判员认为练习不会对场地造成破坏。

26.2.2 在一局比赛开始和结束之间，允许在外场练习，但必须满足下列条件：

–如附录A7中定义的防守队员可以参与的练习。

–除比赛用球外其他任何球都不可以用于此练习。

–在边界与中央区之间不可以进行与球道平行方向的投球练习。

–裁判员认为不会违反规则41.3（赛球—改变其状况）或规则41.9（防守方拖延时间）。

26.3 助跑尝试

在裁判员认为不会违反规则41.9（防守

方拖延时间）或规则41.12（防守队员破坏球道）的前提下，投手可以进行一次助跑尝试。

26.4 违规的处罚

所有形式的练习必须遵守规则41.3（赛球—改变其状况）、规则41.9（防守方拖延时间）和规则41.12（防守队员破坏球道）。

26.4.1 如果违反规则26.1（在球道或中央区其他部分练习）或规则26.2（在外场练习）中任何规定，裁判员将：

-警告球员这种练习是不被允许的。

-告诉另一名裁判员，并在允许情况下通知两名队长。

26.4.1.1 如果该违规人是击球员，则裁判员须通知其他击球员和每一名上场的击球员。该警告在比赛中适用于该球员所在队伍。

26.4.2 如果在比赛中该队的任何球员再有任何相似的违规行为，裁判员将：

–罚5分给对方。

–通知另一名裁判员、记分员，尽可能快地通知双方队长，以及在场上的击球员，如果该违规是在比赛中发生的。

裁判员在比赛结束后应一起尽快向犯规方领队和对比赛负责的任何管理机构报告，管理方再对队长、涉及的个人以及队伍，采取认为适当的行动。

规则27 守桩员

27.1 保护装备

守桩员是守方唯一准许佩戴手套及护腿

的球员。如果佩戴这些装备，根据规则28.2（接球），所有装备均被视为其身体的一部分。如果在比赛中，从其行为和位置判断，裁判员明显认为其不能担任守桩员的正常职责，他必须放弃规则33.2（有效的接杀）、规则39（桩杀）、规则28.1（保护装备）、规则28.4（击球员身后方防守队员的限制）和规则28.5（防守队员不可侵入球道）中所赋予的权利。

27.2 手套

27.2.1 如根据规则27.1（保护装备）允许守桩员的手套只能食指或拇指之间有蹼作为承托，而其他手指之间不能有连接物。

27.2.2 制作材料必须为单片无伸展性能的材料，可以有附加材料，但不能用于加固或卷曲。

27.2.3 蹼的顶部，不能超出从食指头至拇指头连成的一条直线，并且在拇指伸直时，蹼必须拉紧。见附录E。

27.3 守桩员的位置

27.3.1 从球进入比赛状态时起，到投手投出的球碰到球板或击球员、通过击球员身后的三柱门，或击球员试图跑分为止，守桩员应完全保持在击球员三柱门的后面。

27.3.2 如守桩员违规，击球员一侧的裁判员应在投球后立即判其为无效球。

27.4 守桩员的移动

27.4.1 从球进入比赛状态后，至球到达击球员之前，如果守桩员相对于三柱门有明显的位置改变，是不允许的，以下情况除外：

27.4.1.1 为了接到慢球向前略微移动接近三柱门。

27.4.1.2 根据球的运行方向进行横向移动。

27.4.1.3 对击球员正在击打或打算击打的动作做出反应。符合规则27.3（守桩员的位置）中规定。

27.4.2 如果守桩员做出了非法的移动，任何一名裁判员应判其为死球。

27.5 守桩员行动的限制

如果裁判员认为守桩员干扰了击球员击球或保护三柱门，则规则20.4.2.6（裁判员宣布及判定死球）适用。

但是，如果任一裁判员认为守桩员是有意干扰，则规则41.4（故意干扰击球员）适用。

27.6 守桩员被击球员干扰

如果击球员因为正常击球或合法保护三柱门而干扰守桩员不应被判为淘汰出局，除非击球员违反规则37.3（阻碍接杀）。

规则28 防守队员

28.1 保护装备

除了守桩员外，任何防守队员均不可佩戴手套或护腿，未经裁判员同意，不可佩戴任何对手或手指的保护装备。

28.2 接球

28.2.1 除规则28.2.1.2中防守队员可以用其身体任何部分（见附录A12）接球。但如果其接球时被认为是故意用下面的行为去做，则是不合法接球：

28.2.1.1 利用身体以外的任何物

品去接球。

28.2.1.2 用手拉伸使用其衣服接球。

28.2.1.3 用衣服、装备或与球接触的任何其他物体的一部分去接触球。

28.2.2 如果比赛中球与防守队员身上意外掉落的衣服、装备或其物体无意接触，则不算违规。

28.2.3 如果防守队员违规接球，则球立刻成为死球并且：

–对无效球和宽球的判罚照常。

–击球员的任何跑分都应该算在击球方，包括在犯规时击球员已经完成的交叉跑动，得分有效。

–此球不算作回合球数。

另外裁判员应：

–给击球方加5分。

–裁判员须通知另一裁判员和防

守方队长如此判罚的理由。

–裁判员须通知击球员并在可能情况下通知击球方队长。

裁判员须共同负责在赛后尽快向犯规方领队和主办方作当局报告，由其对涉事方队长、涉及的队员以及队伍采取适当行动。

28.3 防守方保护性头盔

28.3.1 防守队员的保护性头盔不再使用中时，必须放置于两个三柱门连线守桩员的正后方的地面上。

28.3.2 保护性头盔如规则28.3.1放置于球场中而又被球击中：

28.3.2.1 该球为死球，受制于规则28.3.3。

28.3.2.2 进攻方得5分。

28.3.2.3 击球员在球击中头盔前完成的跑动得分和击中时击球员

已经跑动交叉的分均有效。

28.3.3 如果比赛中的球碰到如规则28.3.1描述的头盔，除非规则23.3（不判触身得分）、规则25.7（对击球员跑手的限制）或规则34（二次击球）的情况，否则裁判员应：

–给予规则28.3.2.3中的得分有效。

–如果有无效球或宽球照常判罚。

–按规则28.3.2.2给5分罚分。

–判给击球方任何其他的罚分。

28.3.4 如果比赛中的球碰到如规则28.3.1描述的头盔，符合规则23.3（不判触身得分）、规则25.7（对击球员跑手的限制）或规则34（二次击球）情况，则裁判员应：

–判击球方得分无效。

–未被淘汰的击球员回到原位。

–如果需要，尽快做出无效球或

宽球的指示给记分员。

–除了规则28.3.2中情况以外，给予可能的罚5分判罚。

28.4 击球员身后方防守队员的限制

当投手投球时，除了守桩员之外，不可多过两位防守队员站在击球员身后方和击球线之后。不论其身体是着地或跳起时，防守队员身体必须全部不能在击球线之后。

如果防守方违反此规则，在击球员一侧的裁判员须判罚其为无效球。

28.5 防守队员不可侵入球道

比赛中，在投手投球后直到球接触到击球员的球板或身体，或者超越击球员的球板，除了投手，不允许任何防守队员的身体部分落在或越过球道。

除守桩员外，任何防守球员违反此条例

时，在投手侧的裁判员须在球投出后尽快判罚其为无效球。但需注意规则27.3（守桩员的位置）。

28.6 除守桩员外的防守队员的移动

28.6.1 除守桩员之外，任何防守队员在球离开投手后至到达击球员之前的移动都是违规的，以下情况除外：

28.6.1.1 面对击球员的三柱门对站姿或位置进行轻微的调整。

28.6.1.2 除近距离防守队员外，面对击球员或击球员的三柱门防守队员未明显改变位置的移动。

28.6.1.3 击球员做出击打动作时或有击球意图的动作时，防守队员的任何移动。

28.6.2 所有适用于规则28.4（击球员身后方防守队员的限制）的情况。

28.6.3 当有任何违规的移动时，两名裁判员均可判罚死球。

28.6.4 还要注意规则41.4（故意干扰击球员）和规则27.4（守桩员的移动）。

规则29 三柱门倒落

29.1 三柱门倒落

29.1.1 三柱门倒落是指当三柱门顶上的小横木被移走，或是三柱门的门柱在下列情况被击中离开原地：

29.1.1.1 球。

29.1.1.2 击球员球板的任何部分。

29.1.1.3 击球员脱手的球板或部分。

29.1.1.4 击球员身体、其衣服任何一部分，或是身上掉落的物体。

29.1.1.5 防守队员的手或手臂，

只要是他的手上持有赛球。

29.1.1.6 防守队员如规则29.1.1.5把三柱门柱击离或拔出地面亦可。

29.1.2 单是干扰到小横木，不论是短时与否，都不能当作完全移位，但若小横木从三柱门掉下时被卡在门柱间，则视为小横木完全掉落。

29.2 一小横木脱落

如果有一个小横木已经脱落，则需以规则29.1（三柱门倒落）所述方式把另一个小横木移除或把三根门柱的任何一根击离或拔除，才等同于三柱门被击落。

29.3 重置三柱门

当球赛进行期间，如果三柱门被破坏或倒落时，裁判员在死球之前不能重置三柱门。见规则20（死球）。但是，当球在比赛中时，防守队员可以：

–重置三柱门上的横木。

–在原位重置三柱门柱的一根或全部门柱。

29.4 免除横木

如果根据规则8.5（不使用横木），裁判员同意不置小横木时只有他们才能决定三柱门是否倒落。

29.4.1 当决定不置小横木后，裁判员必须确认三柱门是否被如规则29.1.1.2、规则29.1.1.3或规则29.1.1.4中的情形规定的球、击球员的球板、身体或衣服装备的部分物件合理击中，或由防守队员以规则29.1.1.5的方式击倒。

29.4.2 如果当三柱门已被损坏或被击落时，根据规则29.4.1判断三柱门或门柱是否还在正常位置，防守队员可按照规则29.3（重置三柱门）重新安置门柱以便有机会击落三柱门。

规则30　击球员离开安全区

30.1　当他/她离开击球区时

30.1.1 除非击球员或其身体一部分在击球线后的地面上，否则他会被认定为离开了其安全区域。

30.1.2 但在一些情况下将不被视为离开击球区：在其向击球线跑动或扑倒时，如果身体或板的任何部分越过击球线，随后身体的任何部分或板离开地面，或是球板与身体分离，前提是击球员继续朝同一方向移动。

30.2　击球员领地的判定

30.2.1 如果一位击球员在场地内，其所在该场地就是其领地，纵使另一名击球员进入到其领地，该领地仍保持不变。

30.2.2 在同一领地内有两名击球员，当其中一人先离开后，该场地属于留下的击球员。

30.2.3 如果在任何击球区均没有击球员时，划分标准便以谁更接近击球区则该领地便属谁所有，如果两名击球员处于同一水平位置，则在交叉瞬间之前谁较接近场地，谁便拥有该领地。

30.2.4 除非击球员连同跑手在场，否则其一击球员已拥有领地后，另一领地则归另一击球员所有，无论他们的位置如何。

30.2.5 当带跑手的击球员击球时，守桩员的一方则为其领地。如果规则30.2.1、规则30.2.2、规则30.2.3、规则30.2.4适用，当带跑手的击球员为副击球员时，则副击球员和跑手分属于两个领地。

30.3 副击球员的位置

除非被要求或获得裁判员的同意，否则站在投手一方的副击球员，必须站在与投手投球侧相反的三柱门的另一侧。

规则31 上诉

31.1 裁判员不能在没有上诉的情况下判击球员出局

即使击球员可能会被罚出局，除非守方提出上诉，否则裁判员不能判击球员出局，但击球员可以不用上诉而自行出局。但需注意规则31.7（击球员在误导下离开）的条款。

31.2 淘汰击球员

击球员被淘汰，如果被裁判员判罚出局或根据规则31.1（裁判员不能在没有上诉的情况下判击球员出局）自行出局。

31.3 上诉时限

有效的上诉时间必须在投手开始跑动或没有助跑时做出投球动作之前提出，同时还必须是在比赛结束之前。宣布回合结束并不会使下一回合开始前提出的上诉无效。见规则12.2（宣布停止）和规则17.2（一个回合的开始）。

31.4 上诉“How’s That?”

提出“How’s That”上诉时，包含所有要求击球员出局的方式。

31.5 上诉的回应

除出现规则35（自击三柱门/自杀）、规

则39（桩杀）或规则38（跑杀）时，击球方裁判员负责对上述作出判罚以外，其他上诉由投球侧裁判员判罚。

当出现上诉时，每名裁判员应对其管辖范围内的上诉作出答复。

当击球员不被淘汰时，裁判员可根据规则31.3（上诉时限）对其管辖范围内的上诉作出答复。

31.6 裁判员咨询

每一位裁判员必须回答其管辖范围内的所有上诉，如果裁判员对某点存疑，而另一裁判员处于更清晰角度时，则须向其进行咨询后再做出最后决定。但如果经咨询后，仍存有疑问时，则按击球员有利原则判为不淘汰。

31.7 击球员在误导下离开

裁判员若认为击球员误认为自己被淘汰而

离开其位置下场时，裁判员须予以制止，及时宣判该球为死球，防止防守方有更进一步的行为，并重新召回击球员。

击球员在下一个球进入比赛状态之前的任何时候都可以被召回，除非是球局已经结束，裁判员已经离开赛场。

31.8 撤回上诉

守方队长在得到刚才判罚击球员被淘汰的裁判员的同意下，可提出要求撤回上诉。如果撤回上诉被接纳，那么裁判员须撤销裁决并召回击球员。撤回上诉必须在下一个球进入比赛状态之前，或如球局已经结束，在裁判员离开赛场之前。

规则32 投杀

32.1 投杀出局

32.1.1 如果击球员的三柱门被投出的球

击倒，除非是无效球，不论球有否先击中击球员的板或其身体，击球员都将被视为被投杀出局。

32.1.2 如果球在击中三柱门前，先接触到其他球员或裁判员，击球员将不被视为被投杀出局。但会受到规则37（阻碍防守）、规则38（跑杀）及规则39（桩杀）的限制。

32.2 投杀出局为优先

如果依据规则32.1（投杀出局）三柱门被球击倒，投杀出局优先于其他所有出局的方式。

规则33 接杀

33.1 接杀出局

如非无效球，当投手投出的球没有接触

到防守队员和球板的前提下，在球着地前被任何一位守方球员接住，击球员便是被接杀出局。见规则33.2（有效的接杀）、规则33.3（接杀动作）。

33.2 有效的接杀

33.2.1 在下列情况下接杀才是有效的：在球被成功地接到手之前，任何时候、任何接球的防守队员始终没有出边界。注意规则19.4（球出边界线）和规则19.5（防守队员处于边界线外）。

33.2.2 此外如果符合下列条件，接杀是有效的：

33.2.2.1 球落入防守队员的手中，虽然握住球的手碰到地面，或抱在身体上，或落入防守队员的保护装备中，或意外地落在防守队员的衣服里。

33.2.2.2 防守队员在击球员合法地二次击球时接到球。此例只适用于球从被第一次击中后一直未与地面接触。见规则34（二次击球）。

33.2.2.3 当球先触及三柱门、裁判员、另一防守队员、击球员或跑手后，才被防守队员接到。

33.2.2.4 球在空中已超越边界线后被接到仍被视为有效，但须符合规则33.2.1。

33.2.2.5 球先触及不是裁判员指定的边界线的障碍物而被接到。

33.3 接杀动作

接杀动作应从防守队员第一次接触球开始，直到完全控制球和接球动作结束。

33.4 不得分

如果击球员被接杀出局，其在该球所得

的分数则不被计算，但任何一方的额外罚分应计算。按球被接杀瞬间执行规则18.12（击球员返回自己的三柱门）。

33.5 接杀出局优先

如击球员达到规则33.1（接杀出局）的情况，不是被投杀，便是被接杀出局，即使对任何一名击球员采取其他的淘汰方式也是合理的。

规则34 二次击球

34.1 二次击球淘汰

34.1.1 在比赛中，如果球在击球员用身体或板击中后，并在防守队员触及球之前，故意以身体或球板二次击球而不是用非持板手触球，击球员将被视为二次击球出局。击球员为了保护他的三柱门的情况除外。见规则34.3（合法二次击球）和规则37（阻碍防守）。

34.1.2 在本规则中，“击中”包括球与击球员身体接触。

34.2 不算二次击球出局

下面情况下，击球员不会因此而出局：

34.2.1 击球员二次击球的目的是送球给守方球员。但需注意规则37.4（把球还给防守队员）的条款。

34.2.2 球触及防守队员后，击球员再次故意击球。但是，要注意规则37.1（阻碍防守淘汰）。

34.3 合法二次击球

击球员在防守队员接触球之前，可合法以其球板或非握板手外的身体任何一部分击球多于一次，如果其目的是为保护三柱门。击球员可以保护三柱门，即使投球为无效球。

但不可以因为保护三柱门防止被接杀而再次击球。见规则37.3（阻碍接杀）。

34.4 合法二次击球的得分

如果按规则34.3（合法二次击球）所允许的球被合理地击打超过1次后，没有变成死球，裁判员应在球出边界或完成第一个跑分时判罚死球。但是，在有机会接杀时可推迟判罚。裁判员应判罚：

–击球方的得分均为无效。

–未被淘汰的击球员返回原位。

–如果需要则给出无效球判罚。

–如果需要判罚除规则28.3（防守方保护性头盔）以外的5分罚分。

34.5 淘汰不记在投手身上

此淘汰不算在投手身上。

规则35 自击三柱门/自杀

35.1 自击三柱门/自杀出局

35.1.1 如果投手开始投球进入比赛状态，击球员以球板或其身体击倒三柱门，如规则29.1.1.2至29.1.1.4（三柱门掉落）的描述，击球员被视为自杀出局。下列情形适用：

35.1.1.1 击球员准备击球或正在击球时的任何动作。

35.1.1.2 击球后立即去跑分。

35.1.1.3 如裁判员认为击球员有机会击球，但未尝试击球，而立即跑分时。

35.1.1.4 在规则34.3（合法二次击球）下为保护三柱门合法二次击球时。

35.1.2 如当投手开始投球前，击球员因规则29.1.1.2至29.1.1.4碰落三柱门，裁判员须宣判为死球。

35.2 不算自杀出局

下列情况，击球员不会因规则35.1（自击三柱门/自杀出局）所述方式自行碰落三柱门而被判出局：

–除规则35.1.1.2至35.1.1.4外，击球员已经完成击球动作。

–除起跑取分外，任何跑动过程中碰落三柱门。

–当击球员为避免被跑杀出局或被桩杀出局时。

–当击球员尝试避免被球击中时。

–当投手开始投球但球并未离手，裁判员应按规则20.4（裁判员宣布及判定死球）立即宣判为死球。

–投球为无效球时。

规则36 挡杀

36.1 挡杀出局

满足下列所有情况，击球员才可被视为挡杀出局：

36.1.1 投手投出一个有效球，不是无效球。

36.1.2 球如果未被空中拦截，落在了三柱门之间或落在了击球员的身前侧。

36.1.3 球未被球板击中，不管是空中还是反弹后，击球员以身体任何部位拦截来球。

36.1.4 拦截点即使高于三柱门上的横木，但是在两个三柱门之间，或如果击球员未做出认真的击球，拦截点在三柱门之间或外门柱线之外。

36.1.5 球如果不被拦截，一定会击中三柱门。

36.2 阻挡来球

36.2.1 在规则36.1.3至36.1.5中只有第一次阻挡被考虑。

36.2.2 在规则36.1.3中，如果球同时与击球员身体和板接触，则视为首先接触到板。

36.2.3 在规则36.1.5中，应假定球被阻挡时的飞行路径在拦截后球仍会继续其路径飞行，不考虑球随后的反弹。

36.3 三柱门的正侧

击球员的正前方根据球开始进入比赛状态那一刻击球员的站姿来决定。见附录A13。

规则37　阻碍防守

37.1　阻碍防守淘汰

37.1.1 除非在规则37.2（阻碍防守不被淘汰）中的情况下，任何一名击球员在比赛中故意试图用语言或行为阻碍干扰防守方，则击球员须被判出局。见规则34（二次击球）。

37.1.2 除非在规则37.2（阻碍防守不被淘汰）中的情况下，击球员在击球时故意用不拿板的手击球，这将适用于无论第一次击球或第二次用手击球，也适用于无论第一次或第二次用手击球以便保护他的三柱门。

37.1.3 不论是不是有效球，此规则都适用。

37.2 阻碍防守不被淘汰

击球员因意外阻碍或干扰防守，或为避免受伤，或符合规则34.3（合法多次击球）保护三柱门的规定，则不判淘汰。见规则37.3（阻碍接杀）。

37.3 阻碍接杀

37.3.1 如果投球是无效球，主击球员也会被判阻碍防守淘汰，如果任一击球员通过故意阻碍或干扰来防止主击球员被接杀。

37.3.2 即使阻碍是因主击球员按规则34.3（合法多次击球）合法保护三柱门造成，规则37.3.1也将适用。

37.3.3 如果阻碍或干扰是在无效球时发生的，则造成该阻碍或干扰的击球员将因阻碍防守出局。

37.3.4 当主击球员本能地用合法的第二次击球防守三柱门时造成阻碍，

规则37.3.3 将不适用。

37.4 把球还给防守队员

如未得守方同意而球仍在比赛中，任何一名击球员用球板或身体任何部位把球返还给防守球员，均被视为阻碍防守淘汰。

37.5 得分

当任何一名击球员因阻碍防守被淘汰时：

37.5.1 除非阻碍防守队员接杀，否则击球员在犯规前的得分及罚分均有效。见规则18.6（罚分）和规则18.8（击球员被淘汰时的得分）。

37.5.2 如果阻碍被防守队员接杀，则击球员在犯规前所得的分数无效，其他双方应得的罚分则正常计算。

37.6 淘汰不记在投手名下

此淘汰不算投手淘汰的三柱门。

规则38 跑杀

38.1 跑杀淘汰

除规则38.2（击球员不被判跑杀淘汰）中的情形外，击球员在比赛的任何时候，离开了安全区并被击倒三柱门，则被跑杀淘汰。

即使是无效球状况下，无论击球员是否尝试跑分（规则38.2.2.2情况下除外），离开安全区也将会被跑杀淘汰。

38.2 击球员不被判跑杀淘汰

38.2.1 下列情况，击球员不被判跑杀淘汰：

38.2.1.1 击球员已回到其安全区内，但随后因避免受伤而出了安全区，三柱门被击落。注意规则30.1.2（当他/她离开击球区时）。

38.2.1.2 在三柱门被击倒之前，投手投出的球未被防守队员触及。

38.2.2 在下列两种情形下，击球员不被跑杀出局。

38.2.2.1 被桩杀。见规则25.6.5（击球员和跑手的淘汰和控制）和规则39.1.2（桩杀淘汰）。

38.2.2.2 如已判为无效球，击球员非尝试跑分离开安全区，守桩员在没有防守队员的介入下击倒三柱门。但是，如果击球员有跑手的情况下，跑手离开击球区，则适用规则38.1（跑杀淘汰）。

38.3 哪个击球员被淘汰

根据规则38.1（跑杀淘汰）情形规定，三柱门被击落一方的领地所属击球员应被跑杀淘汰。见规则25.6（击球员和跑手的淘汰和控制）和规则30.2（击球员领地的判定）。

38.4 得分

如任何一名击球员跑分时被杀出局，三柱门被击落时未完成的跑分不计算，但在淘汰之前所得的跑分与双方各自的罚分正常计算。见规则18.6（罚分）和规则18.8（击球员被淘汰时的得分）。

但是，如果是带跑手的击球员被跑杀淘汰，则跑手与另一击球员在出局前完成的这个球的跑分全部取消，如果是无效球或有5个罚分则所有罚分存在，裁判员让未被淘汰的击球员返回原位。见规则25.6（击球员和跑手的淘汰和控制）。

38.5 淘汰不算在投手身上

此淘汰不算在投手身上。

规则39　桩杀

39.1　桩杀淘汰

39.1.1 除了规则39.3（未被桩杀淘汰）外，如果投球不是无效球，规则39.3.1的情形下，击球员离开安全区，并且没有试图跑分，守桩员在没有其他防守队员介入的情况下将三柱门击倒，击球员将被判为桩杀。但是，注意规则25.6.2和规则25.6.5（击球员和跑手的淘汰和控制）和规则27.3（守桩员的位置）。

39.1.2 即使认为跑杀的条件都满足，如果规则39.1.1的理由充分，也应判为桩杀淘汰。

39.2 球从守桩员身上回弹

如果三柱门从守桩员的身上或装备上弹回而被击倒或被守桩员踢回及传回击倒，也算为三柱门被守桩员击倒。

39.3 未被桩杀淘汰

39.3.1 如击球员为了避免受伤而离开安全区。

39.3.2 如击球员不是被桩杀淘汰，除规则38.2.2.2（击球员不被判跑杀淘汰）以外，如符合规则38.1（跑杀淘汰），则被视为跑杀淘汰。

规则40 超时淘汰

40.1 超时淘汰

40.1.1 除非已到比赛停止时间，新上场的击球员或另外一位击球员必须在前一位击球员被淘汰或击球员离退后3分钟内站好位准备好接下一球，否则新上场的击球员将被判为超时淘汰。

40.1.2 如3分钟延长期后仍然无击球员上场准备击球，裁判员可依据规则16.3（裁判员宣布比赛结果）的程序处理。为此规则目的，行动开始将是前面所提到的3分钟的终结。

40.2 淘汰不算在投手身上

此淘汰不算在投手身上。

规则41 不公平比赛

41.1 公平及不公平比赛—队长的责任

队长有责任保证整场比赛是遵照板球的精神：如序言中所描述的板球精神及规则下进行的。

41.2 不公平的行为

41.2.1 裁判员是整场比赛公平与否的唯一裁决者，如果任何一位裁判员认为某一行为不公平时，即使规则中没有规定，在没有上诉的情况下，他应在不会使非违规方不利时尽快宣判该球为死球，并向另一名裁判员报告。

41.2.1.1 如果这是该方第一次违规，则投手侧裁判员应：

–召唤违规方队长并发布第一次也是最后一次警告，该警告在比赛剩余时间适用于该队所有成员。

–警告违规方队长，其队伍成员的任何进一步此类违规将导致对手获得5个罚分。

41.2.1.2 如果这是该方第二次或以上违规，则投手侧裁判员应：

–召唤违规方队长并告知已发生

一次进一步此类违规。

–给另一方5个罚分。

41.2.1.3 两名裁判员一起在赛后尽快通知犯规方领队及比赛主办当局有关事宜，由其对违规方队长、涉及的个人、队伍采取适当行动。

41.3 赛球—改变其状况

41.3.1 裁判员应经常对球进行不定期的检查。如果怀疑有人试图改变赛球的状态，应立即检查。除非规则41.3.2允许的情形下。

41.3.2 任何球员试图采取任何改变赛球现有状态的行为都是违规的。

击球员除了在比赛中用板击球之外不得故意改变赛球现有状态。

见规则5.5（对球的损坏）。

然而，防守方可以：

41.3.2.1 打磨赛球，但不可用任何人造物质，且此打磨活动不可浪费时间。

41.3.2.2 在裁判员的监督下可抹掉赛球上的泥土。

41.3.2.3 裁判员认可的用毛巾擦干赛球。

41.3.3 如果任何球员的行为不符合规则 41.3.2 中的条件，裁判员应认为这是对球的不合法改变。

41.3.4 如果裁判员认为任何一方球员不合法地改变了赛球的状态，裁判员应询问对方队长是否希望替换赛球。如果有必要，在场上准备击球的击球员可以代理队长作出决定。

41.3.4.1 如果要求更换赛球，裁判员应立即使用一个磨损程度与需替换赛球在被损毁之前程度相当的赛球。

41.3.4.2 不管是否选择换球，投手侧裁判员应：

–对违规方处罚5分。

–通知击球员和守方队长赛球已改变，以及他们行动的理由。

–在可行情况下，尽快通知击球方队长有关更换赛球的事宜。

两名裁判员一起在赛后尽快通知犯规方领队及比赛主办当局有关事宜，由其对违规方队长、涉及的个人、队伍采取适当行动。

41.3.5 如果裁判员一致认为在该局内有进一步不公平改变赛球状况的发生，裁判员将：

41.3.5.1 重复规则41.3.4.1和规则41.3.4.2的程序。

如果进一步违规是由防守方造成的，投手侧的裁判员还要额外：

41.3.5.2 通知守方队长有关原因并指示立即撤换投前一个球的投手，该名投手不能在该场比赛中再次投球。

–通知击球员，在适当情况下，尽快通知攻方队长有关事宜。

–如果需要，由另一名投手完成该回合，他没在前一回合投球，也不能在下一回合投球。

41.4 故意干扰击球员

41.4.1 当击球员正准备击球或正在击球时，任何守方球员故意干扰他，均被视为不公平的行为。

41.4.2 任何一名裁判员认为守方球员的行为是故意干扰时，如为首次发生，裁判员必须判罚该球为死球，同时告诉另一名裁判员原因，投手侧裁判员应：

–加5分罚分给击球方。

–通知守方队长、击球员，并在可行情况下，通知击球方队长有关判罚原因。

任何一名击球员不会因此球而被淘汰，此球也不算回合球数。

两名裁判员一起在赛后尽快通知犯规方领队及比赛主办当局有关事宜，由其对违规方队长、涉及的个人、队伍采取适当行动。

41.5 故意干扰、欺骗或阻碍击球员

41.5.1 除规则41.4（故意干扰击球员）外，防守球员不论用言语或行为，尝试故意在击球员击球后去干扰、欺骗或阻碍任何一名击球员，均被视为不公平的。

41.5.2 任何一方的裁判员均可裁决该干扰、欺骗和阻碍行为是否为故意的。

41.5.3 任何一方裁判员如认为守方球员的干扰、欺骗和阻碍行为是故意的，立刻宣判该球为死球，并通知另一名裁判员有关宣布死球的原因。

41.5.4 击球员不会因此球出局。

41.5.5 如干扰涉及身体接触，裁判员应共同决定是否触犯规则42（球员行为）。

41.5.5.1 如果是违反规则42（球员行为）中的错误，裁判员应采用规则42中规定的相关程序，并同样适用于规则41.5.7至41.5.9中的程序。

41.5.5.2 如果认为没有触犯规则42（球员行为），则适用于规则41.5.6至41.5.10中每一条。

41.5.6 投手侧裁判员应：

–为进攻方加5分。

–通知防守方队长有关行动的原因，并尽快通知进攻方队长。

41.5.7 该球不被算在该回合内。

41.5.8 击球员在犯规前完成的所有跑分，连同任何双方的罚分都算有效。此外，无论在犯规时击球员跑动是否完成交叉，此分均有效。

41.5.9 击球员有权决定哪名击球员将面对下次投球。

41.5.10 两名裁判员共同在赛后尽快通知犯规方领队及比赛主办当局有关事宜，由其对违规方队长、涉及的个人、队伍采取适当行动。

41.6 危险投球及不公平的高弹球

41.6.1 如果投手侧裁判员认为投手投出的球落点浅并为危险投球，综合考虑击球员的技术，并根据球的速度、长度、高度和方向，很可能会对击球员造成身体的伤害。击球员是否佩戴相应的防护措施则不予考虑。

41.6.2 如果投手侧裁判员认为投手投出的球落点浅，虽然并不像规则41.6.1中的那样危险，但连续投出反弹后高于正常站位时击球员头部高度的浅球，这也属于不公平的投球。见规则21.10（球反弹后超过击球员头部高度）。

41.6.3 如果裁判员认为此球为规则41.6.1或规则41.6.2中的情况，裁判员应给出无效球判罚。当死球后应警告投手，并表示将是第一次也是最后一次警告，并通知另一名裁判员、防守方队长和准备击球的击球员。

此警告对该投手在该局内有效。

41.6.4 如果同一名投手在该局内仍然投出这样的球，裁判员应：

–给出无效球判罚。

–在死球时指示队长立即撤换掉该名投手。

–告知另一名裁判员原因。

此投手在该局内不得再投球。

如果需要，该回合须由另一名未曾在前一回合投球的投手完成，而其亦不能在下一回合投球。

裁判员应立即通知击球员和进攻方队长。

两名裁判员共同在赛后尽快通知犯规方领队及比赛主办当局有关事宜，由其对违规方队长、涉及的个人、队伍采取适当行动。

41.6.5 规则41.6.3和规则41.6.4中的警告过程与规则41.7（危险投球和不公平的不落地投球）的警告和行

动是分开的。

41.7 危险投球和不公平的不落地投球

41.7.1 当击球员直立在击球线时，投手投出不落地的球，经过击球员或即将经过击球员时高于腰部，裁判员应立即给出无效球的判罚。

41.7.2 如规则41.7.1中定义的投球是危险的，则投手侧裁判员可以认为击球员有受伤的风险。做出该判断时裁判员应：

–忽视击球员穿戴的任何保护性装备。

–留意：

–投球的速度、高度和方向。

–击球员的技术。

–此类投球的重复性。

41.7.3 如果裁判员按照规则41.7.2认为一个或一系列不落地投球是危险

的，当死球时，裁判员应向记分员重复无效球手势，然后警告投手，表明这是第一次也是最后一次警告。裁判员还需将情况告知另一名裁判员、防守方队长和击球员。该警告将对该投手在整局内生效。

41.7.4 如果同一名投手在该局内仍然投出这样的球，裁判员应：

–立即判罚无效球。

–在死球时指示队长换掉该名投手。

–向另一名裁判员报告有关事项。

此投手在该局内不得再次投球。如适用，该回合需由另一名未曾在前一回合投球的投手完成，而其亦不能在下一回合投球。

–裁判员应立即通知击球员和进攻方队长。

两名裁判员共同在赛后尽快通知犯规方领队及比赛主办当局有关事宜，由其对违规方队长、涉及的个人、队伍采取适当行动。

41.7.5 规则41.7.3和规则41.7.4的警告和行动顺序独立于规则41.6（危险投球及不公平的高弹球）。

41.7.6 如果裁判员认为投手是有意投出不落地的危险球，如规则41.7.1中描述的情况，规则41.7.3中的警告程序可免去，裁判员须直接：

–立即判罚无效球。

–在死球时指示队长换掉该投手，并向另一名裁判员报告有关事项。

此投手在该局内不得再次投球。

如适用，该回合须由另一名未曾在前一回合投球的投手完成，而其亦不能在下一回合投球。

–裁判员应立即通知击球员和进攻方队长。

两名裁判员共同在赛后尽快通知犯规方领队及比赛主办当局有关事宜，由其对违规方队长、涉及的个人、队伍采取适当行动。

41.8 投球时前脚故意越线的无效球

如果裁判员认为投手在投球时故意前脚越线，裁判员须：

–立即判罚无效球。

–在死球时指示队长换掉该投手。

–向另一名裁判员报告有关事项。

此投手在该局内不得再次投球。

如果需要，该回合须由另一名未曾在前一回合投球的投手完成，而其亦不能在下一回合投球。

裁判员应立即通知击球员和进攻方队长。

比赛结束后两名裁判员须共同向违规方

领队及主办当局报告有关事宜，并由有关当局对相关队长、犯规个人和队伍采取适当行动。

41.9 防守方拖延时间

41.9.1 防守方任何球员拖延时间均视为不公平。

41.9.2 如果任何一名裁判员认为防守方队长或其他防守队员造成一个回合进程不必要的缓慢，或因其他原因浪费时间，第一次出现，裁判员须：

–要立即判为死球。

–向另一名裁判员报告有关事项。

投手侧裁判员须：

–向防守方队长发出第一次也是最后一次警告。

–通知击球员。

41.9.3 如在该局防守方仍有拖延时间的

情况，裁判员须：

–要立即判为死球。

–向另一名裁判员报告有关事项。

投手侧裁判员须：

如果不是发生在一个回合正在进行时，给予攻方5分罚分并通知防守方队长其原因。

如果这种行为发生在回合正在进行时，指示队长更换该投手，并由另一名从未曾在前一回合投球的投手完成该回合，该投手亦不可以在另一回合投球。

被换掉的投手不可以在该局内再次投球。

裁判员须通知击球员及击球方队长。

比赛结束后两名裁判员须共同向违规方领队及主办当局报告有关事宜，并由有关当局对相关队长、犯规个人和队伍采取适当行动。

41.10 击球员拖延时间

41.10.1 击球员拖延时间被视为不公平。一般情况下当投手准备开始助跑时击球员必须准备迎接来球。

41.10.2 如果击球员没有达到这一要求则被认为拖延时间，或其他原因应采取下列程序。第一次判罚时，在投手开始助跑之前或在死球时，裁判员须：

–对两名击球员做出第一次警告也是最终警告，这个警告在该局内均有效，裁判员须通知每一名刚上场的击球员。

–向另一名裁判员报告有关事项。

–通知防守方队长和在可能情况下通知击球方队长。

41.10.3 如果在该局击球员仍有拖延时间

的行为，当死球后或适当时机，裁判员须：

–加5分罚分给守方。

–向另一名裁判员报告有关事项。

–通知其他击球员、防守方队长及进攻方队长。

比赛结束后两名裁判员须共同向违规方领队及主办当局报告有关事宜，并由有关当局对相关队长、犯规个人和队伍采取适当行动。

41.11 球道保护区

球道上有一个范围为保护区，是一个假想的长方形区域，宽边与击球线平行并须离开击球线5英尺/1.52米，长边与三柱门中柱连线成平行线并各自距离其1英尺/30.48厘米。

41.12 防守队员破坏球道

41.12.1 故意对球道造成本可避免的损坏是不公平的。如果任何一名裁判员认为防守队员造成球道损坏没有正当理由，则为防守队员造成了本可避免的球道损坏。

41.12.2 如果防守队员违反了这一规则（规则41.13.1除外），第一次出现，在死球时，裁判员应通知另一名裁判员，投手侧裁判员须：

–警告防守方队长，这是第一次也是最后一次警告，该警告在整局内有效。

–通知击球员有关事项。

41.12.3 如在同一局内再次发生防守方对球道的本可避免的破坏，裁判员须在死球时，告诉另一名裁判员。投手侧裁判员须：

–如果有无效球和宽球，对记分员做手势。

–加5分给击球方。

–可行的话可以再加5个罚分。

–通知防守方队长这么做的原因。尽快在可能的情况下，通知击球员和击球方的队长发生的情况。两名裁判员共同在赛后尽快通知犯规方领队及比赛主办当局有关事宜，由其对违规方队长、涉及的个人、队伍采取适当行动。

41.13 投手跑进保护区

41.13.1 不管球有没有被投出，投手没有正当理由地在跟随跑时进入保护区都是不公平的。

41.13.2 如果投手第一次违反此规定，当球成为死球时，裁判员须：

–警告投手，通知另一名裁判员

发生的情况。警告在整局比赛内适用。

–通知防守方队长和击球员发生的情况。

41.13.3 如果在同一球局内，同一投手两次违反此项规则，裁判员须重复上述程序，指示这是最后一次警告，警告在整局比赛内适用。

41.13.4 如同一投手在同一局内第三次犯同样错误，裁判员在死球时应：

–指示队长更换该投手，并由另一位未在前一回合投球的投手完成该回合，而该投手亦不能在下回合投球，被换掉的投手不能在该局内再投球。

–向另一名裁判员报告有关事项。

–通知击球员和击球方队长。

比赛结束后两名裁判员须共同向违规方领队及主办当局报告有关事

宜，并由有关当局对相关队长、犯规个人和队伍采取适当行动。

41.14 击球员损坏球道

41.14.1 对保护区造成的故意和本可避免的损坏都是不公平的，如果击球员为击球进入了保护区，则击完球必须马上离开此区域。如果裁判员认为击球员对球道的损坏没有正当理由，则认为是击球员破坏球道。

41.14.2 如果任何一名击球员故意或本可避免地对场地造成损害，规则41.15（在保护区内的击球员）情形除外，第一次发生时，裁判员应在死球时告知另一名裁判员。

投手侧裁判员应：

–对两名击球员进行警告，并指出这是第一次也是最后一次警告。

该警告在整局有效。裁判员亦必须通知每一个进场的击球员。

–通知防守方队长，可能情况下通知攻方队长。

41.14.3 如果在该局中击球员仍对球道造成了本可避免的损害，裁判员看见此种情况，在死球时须通知另一名裁判员，投手侧裁判员须：

–取消击球方所有得分。

–让未被淘汰的击球员回到原位。

–如适用向记分员做出无效球或宽球手势。

–给防守方加5分。

–除规则28.3（防守方保护性头盔）以外的其他罚分的判罚仍然有效。

–通知防守方队长并在可能情况下通知击球方队长原因。

比赛结束后两名裁判员须共同向

犯规方领队及主办当局报告有关事宜，并由有关当局对相关队长、犯规个人和队伍采取适当行动。

41.15 在保护区内的击球员

41.15.1 击球员禁止在保护区或非常靠近保护区以至于经常不可避免地侵犯保护区的地方站立。

为避免侵犯保护区，击球员可以做一个标记防止进入保护区。

41.15.2 如果裁判员认为击球员违反了规则41.15.1，如果投手还没准备投球，则须立即判为死球，或在等球成为死球后判罚，并通知另一名裁判员。

投手侧裁判员须：

–警告击球员这种违规的行为，并表示这是第一次也是最后一次警告，该警告在整局有效。裁判员亦必须通知每一个在场和刚进场的击球员。

–通知防守方队长并在可能情况下通知击球方队长发生的情况。

41.15.3 如果裁判员认为在同一球局内仍然有击球员违反规则41.15.1的行为，若投手还没准备投球，则须立即判为死球，或在等球成为死球后判罚，并通知另一名裁判员。

投手侧裁判员须：

–取消击球方所有得分。

–让未被淘汰的击球员回到原位。

–如适用向记分员做出无效球或宽球手势。

–给防守方加5分。

–除规则28.3（防守方保护性头盔）以外的其他罚5分的判罚仍

然有效。

–通知防守方队长并在可能情况下通知击球方队长原因。

比赛结束后两名裁判员须共同向犯规方领队及主办当局报告有关事宜，并由有关当局对相关队长、犯规个人和队伍采取适当行动。

41.16 副击球员过早离开他/她的区域

41.16.1 如果副击球员在投手从准备投球到球出手的过程中过早地离开其区域，副击球员很容易被跑杀淘汰。在这种情况下，如果在投手投球击倒三柱门或投手持球时副击球员不在其区域，则副击球员将被跑杀淘汰，无论该球后来是否投出。

41.16.2 如果球没有投出且有上诉：

–裁判员需对跑杀淘汰做出决定。

如果不淘汰，则尽快宣判死球。

–此球不算入回合中。

41.16.3 如果球被投出且有上诉：

–裁判员需对跑杀淘汰做出决定。

–如果副击球员未被淘汰，比赛继续进行且规则21.6（投手在投球时碰倒三柱门）将适用。

–如果副击球员被淘汰，此球不算入回合中。

41.17 击球员偷跑

击球员在投手助跑时尝试偷步均被视为不公平的，除非在投手打算把击球员淘汰出局的情形下，见规则41.16（副击球员过早离开他/她的区域）和规则21.4（投手在投球前向击球员扔球），裁判员须：

–尽快在击球员试图交叉跑分时宣判为死球。

–通知另一名裁判员原因。

投手侧裁判员须：

–让击球员回到原位。

–给防守方加5分。

–除规则28.3（防守方保护性头盔）以外的其他罚5分的判罚仍然有效。

–通知击球员、防守方队长并在可能情况下通知击球方队长原因。

比赛结束后两名裁判员须共同向犯规方领队及主办当局报告有关事宜，并由有关当局对相关队长、犯规个人和队伍采取适当行动。

41.18 罚分

41.18.1 当给予任何一方罚分时，裁判员必须在死球时通知记分员有关罚分。见规则2.13（裁判员的手势）。

41.18.2 规则中规定的任何一种罚分情况

都应被处罚，即使比赛结果已经出来。见规则16.6（击球方赢球一击或额外分）。

但是，要注意以下罚分情形的应用，见规则23.3（不判触身得分）、规则25.7（对击球员跑手的限制）、规则28.3（防守方的保护性头盔）和规则34.4（合法二次击球的得分）。

41.18.3 当加5分给予击球方时：

–罚分应被视作额外罚分，并连同其他罚分一并计算。

–当球成为死球时才能给予罚分，并且不能与前一个投球或后一个投球的得分一起算，应与其他得分分开单独计算。

–击球员不得因获5分罚分而更换位置。

41.18.4 给予守方5分时，罚分与守方最近一局的额外罚分同时计算，如果防守方还没有完成防守局，将罚分加入到下一击球局内。

规则42 球员行为

42.1 不可接受的行为

42.1.1 裁判员应对任何不可接受的行为采取判罚，裁判员应根据规则42.2至42.5判定1~4级犯规并采取相应行动措施。

42.1.2 如果在比赛中任何一名裁判员认为有任何球员的行为是不可接受的，该裁判员应判罚死球。这个判罚可在直到确认非犯规方不会处在不利的情况下推迟判罚。

42.1.3 裁判员将此行为告知另一名裁判员，两名裁判员共同决定是否此行为不当。如果是的话应确定属于规则42.2至42.5中的哪一级别，然后确定判罚。

42.1.4 在1~4级犯规中，如果是对击球员处罚，则裁判员应将击球方队长叫至场上。在本条规则中，在场上的击球员不能代理队长的职务。

42.1.5 对于1~4的每一级：

–从比赛停止到比赛开始的比赛时间将算作损失时间，不包括比赛间歇（规则11）和在危险或不合理情况下暂停比赛（规则2.8）。

–该日比赛结束时间将延长这段损失的时间。

–如适用，在比赛最后一小时没有回合会仅仅因这段时间而被扣除。

42.2 一级犯规及裁判员行动

42.2.1 球员有下列行为之一将构成一级犯规：

–故意破坏场地的任何区域、装备或比赛的器械。

–用语言或行动对裁判员的判罚表示异议。

–在比赛中使用下流、冒犯性或侮辱性语言。

–做侮辱性手势。

–过分的上诉。

–在上诉时以咄咄逼人的方式走向裁判员。

–若裁判员认为有其他任何不良行为均可构成一级犯规。

42.2.2 如果为规则42.2.2.1至42.2.2.6中的行为，根据其是否为初犯而酌情实施。

42.2.2.1 裁判员认为必要应立即宣布比赛停止。

42.2.2.2 裁判员应召唤并告知违规方队长这种级别的违规行为。

42.2.2.3 如果该队在任何级别的第一次一级违规，则裁判员应：

–在余下的比赛中对所有队员发出第一次和最后一次警告。

–警告犯规方队长，如果队伍中再次犯此一级错误，裁判员将判罚给对方5分。

42.2.2.4 如果警告后该队再次有一级犯规出现，则将给对方加5分。

42.2.2.5 裁判员必须在切实可行的情况下尽快让比赛继续进行。

42.2.2.6 比赛结束后两名裁判员须共同向犯规方领队及主办当局报告有关事宜，并由有关当局对队长、任何涉及的个人以及队伍采取适当行动。

42.3 二级犯规及裁判员行动

42.3.1 球员有下列行为之一将构成二级

犯规：

–用语言或行动对裁判员判罚表示严重不满。

–与其他球员有不适当和有意的身体接触。

–以不适当和危险的方式向其他球员、裁判员或其他人掷球。

–对其他球员、裁判员、球队官员或观众使用严重侮辱性的语言或手势。

–若裁判员认为有其他任何犯规性质均可构成二级犯规。

42.3.2 如果犯规情况发生，须按以下顺序进行判罚：

42.3.2.1 裁判员认为必要应立即宣布停止比赛。

42.3.2.2 裁判员一起召唤并应告知违规方队长这种违规行为的级别。

42.3.2.3 判罚给对方加5分。

42.3.2.4 警告犯规方队长，如果队伍中任何队员未来再有一级犯规将直接判罚给对方加5分。

42.3.2.5 裁判员必须尽快恢复比赛。

42.3.2.6 比赛结束后两名裁判员须共同向犯规方领队及主办当局报告有关事宜，并由有关当局对队长、任何涉及的个人以及队伍采取适当行动。

42.4 三级犯规及裁判员行动

42.4.1 球员的下列任何一种行为都将构成三级犯规：

–用语言或动作恐吓裁判员。

–威胁攻击其他队员或除裁判员外的任何人。见规则42.5.1（四级犯规及裁判员行动）。

42.4.2 如果构成这种犯规则须按以下判罚：

42.4.2.1 裁判员认为必要应立即宣布停止比赛。

42.4.2.2 裁判员共同召唤并应告知违规方队长这种违规行为的级别。

42.4.2.3 裁判员应指示队长立即将犯规球员逐出比赛场地，并在余下的比赛中按下列规则：

42.4.2.3.1 如果是非有限回合比赛，则该球员将被停赛10个回合。

42.4.2.3.2 如果是有限回合比赛，则球员将被停赛总回合数的1/5。在计算回合数时，部分回合应按一个完整回合计算。此外，在停赛时正在进行的回合不应计算入球员停赛回合内。

42.4.2.3.3 如果犯规队员是一名防守队员，则不允许替补队员替代上场。犯规球员在停赛回合结束后回到赛场可以立即投球。

42.4.2.3.4 如果一名投手在回合进行中受到处罚，更换该投手，并由另一名未曾在前一回合投球的投手完成该回合，该投手亦不可以在下回合投球。

42.4.2.3.5 如果犯规队员是未被淘汰的击球员，其将被队伍中的另一名队员替换。该击球员可以在惩罚时间结束后且有击球员被淘汰时重新上场。但如果在击球员受到惩罚期间，队伍中没有未被淘汰的其他击球员，则该球局结束，该击球员被判为离退—未淘汰。

42.4.2.3.6 如果犯规球员是击球

方中已被淘汰的球员，直到下一球局开始时对其的惩罚才开始。此外，在这种情形下，犯规球员在被处罚期间也不能担任跑手。

42.4.2.3.7 警告犯规方队长，如果队伍中任何队员未来再有一级犯规将直接判罚给对方加5分。

42.4.2.3.8 因停赛惩罚导致的没有完成的回合可持续到本场比赛的下一球局和后续球局。在球局结束时的部分回合不算作被处罚回合数内。

42.4.2.4 根据实际情况裁判员须：

–判罚给对方加5分。

–向记分员给出三级犯规的手势信号。

–继续比赛。

42.4.2.5 比赛结束后两名裁判员须共同向犯规方领队及主办当局

报告有关事宜，并由有关当局对队长、任何涉及的个人以及队伍采取适当行动。

42.5 四级犯规及裁判员行动

42.5.1 球员的下列任何一种行为都将构成四级犯规：

-威胁袭击裁判员。

-与裁判员进行不适当和故意的身体接触。

-对其他队员或任何人进行身体攻击。

-犯下其他任何暴力行为。

42.5.2 如果构成这种犯规，须按以下步骤进行处罚：

42.5.2.1 裁判员认为必要应立即宣布停止比赛。

42.5.2.2 裁判员共同召唤并应告知违规方队长这种违规行为的

级别。

42.5.2.3 裁判员应指示队长立即将犯规球员逐出比赛场地，并在余下的比赛中按下列规则处理：

42.5.2.3.1 如果是防守队员犯规，则不允许替补队员替代上场。不允许其再击球，待其队伍开始击球局时，将直接算作“离退—淘汰”。

42.5.2.3.2 如果是投手犯规，在回合中途被处罚，更换该投手，则由另一名未曾在前一回合投球的投手完成该回合，该投手亦不可以在下一回合投球。

42.5.2.3.3 如果是击球员犯规，则该击球员在本局被判为“离退—淘汰”，除非其因规则32至39被淘汰，如果队伍中没有其他击球员可上场击球，则该局直接结束。

42.5.2.3.4 警告犯规方队长，如果队伍中任何队员未来再有一级犯规将直接判罚给对方加5分。

42.5.2.4 根据实际情况裁判员须：

–判罚给对方5分。

–向记分员发出四级犯规的手势信号。

–继续比赛。

42.5.2.5 比赛结束后两名裁判员须共同向犯规方领队及主办当局报告有关事宜，并由有关当局对队长、任何涉及的个人以及队伍采取适当行动。

42.6 队长拒绝让球员离场

42.6.1 如果队长拒绝执行规则42.4.2.3或规则42.5.2.3，裁判员应引用规则16.3（裁判员宣布比赛结果）。

42.6.2 如果两名队长均拒绝执行规则42.4.2.3或规则42.5.2.3，裁判员应指示球员离开球场。根据规则12.9（比赛结束），或者根据规则16（比赛结果）判定比赛无结果。

42.7 关于三级和四级犯规的其他补充要点

42.7.1 在三级和四级犯规情形下，如果犯规者是一名守桩员，则规则24.1.2（替补球员）不适用，这意味着只能是提名中的其他场上队员将担任守桩员，即使另一名球员受伤或生病将被替补代替。

42.7.2 有替补或跑手的被提名队员将遭受该替补或跑手所犯的任何三级或四级犯规的处罚。

42.7.2.1 当由替补所犯时，被提名队员和替补将各自遭受规则42.4.2.3或规则42.5.2.3中适当的处罚。只有替补将按规则42.4.2.5或规则42.5.2.5被报告。

42.7.2.2 当由跑手所犯时，有该跑手的击球员和该跑手将各自遭受规则42.4.2.3或规则42.5.2.3中适当的处罚。四级犯规的处罚（42.5.2.3）将在比赛剩余时间适用于跑手，但仅在这一局适用于该跑手的击球员。

附录A　规则中的术语定义和解释

A1　竞赛

A1.1　板球运动：在本规则中意味着板球运动。

A1.2　一场比赛：在两队（方）之间符合板球规则情况下进行的一场比赛。

A1.3　掷币：通过掷硬币来决定双方的球局。

A1.4　掷币前：比赛日开始比赛前没有掷币之前的时间。

A1.5　开赛前：比赛开始掷币之前的任何时间。

A1.6　比赛中：掷币后到比赛结束之前的时间。

A1.7　比赛时间：比赛开始以后到比赛结束之前的一段时间。见规则12.1（比赛开始）和12.2（比赛停止）。

A1.8　比赛行为：包括比赛日比赛相关的任何行为。

A2 器材和护具

A2.1 比赛器材：球板、球、三柱门和横木。

A2.2 外部护具：用来防止外部打击的可见的穿戴装备：对于击球员，允许使用的包括头盔、护腿、护胯、手套以及可能的护臂；对于防守队员，只允许戴头盔，但守桩员可以加戴护腿和手套。

A2.3 保护性头盔：由坚硬的材料制造，设计用来保护头和脸，戴在头上，起到保护作用。

A2.4 装备：击球员装备指球板，以及任何穿戴在身上的护具；防守装备指防守队员穿戴的任何保护性设备。

A2.5 球板：以下都可以视作球板的一部分：整个球板、用作持球板的手及手套。

A2.6 击球员手握：击球员手或手套以及构成球板的任何部分，属于击球员手握物体。

A3 比赛区

A3.1 赛场：边界线内的所有范围。

A3.2 中央赛场：球场内一块特别准备的区域，比赛的球道在其内。

A3.3 外场：中央赛场和边界线之间的场地区域。

A4 位置

A4.1 击球线后：球道两端各有一条击球线，后面的其他标志、物体和人，在击球线后的区域。见附录A13。

A4.2 击球线前：球道两端各有一条击球线，前面的其他标志、物体和人，在击球线前的区域。见附录A13。

A4.3 击球员端：击球员站好准备迎击来球的一侧。

A4.4 投手端：投手投球的一侧。与附录A4.3所述击球员端不在同一侧。

A4.5 守桩员一侧：与附录A4.3所述击球员端在一侧。

A4.6 击球员三柱门线前：击球员端三柱门前

指从三柱门向两端无限延伸至边界线的假想线之前的区域。见附录A4.2。

A4.7 三柱门后：从击球员三柱门向两端无限延伸至边界线的假想线之后的区域。见附录A4.1。

A4.8 守桩员后：击球员端后三柱门后，与两组三柱门成一条直线，比守桩员站位更远。

A4.9 明侧/暗侧：见附录A13。

A4.10 内沿：距离三柱门最近的边缘相同侧。

A5 裁判员

A5.1 裁判员：在规则描述中单独使用“裁判员”时，通常指投手侧的裁判员，但有时也可称有关裁判员。同样，裁判员们指两个裁判员。否则，会对所指裁判员进行进一步的描述。每一个裁判员，指回合交替中投手侧的裁判和击球员侧的裁判。

A5.2 投手侧裁判员：当前投球时站在投手一侧（见附录A4.4）的裁判员。

A5.3　击球侧裁判员：站在击球员一侧（见附录A4.3）的裁判员，当前击球时站在根据情况选择的击球员面前或是身后一侧。

A5.4　裁判员一致同意：裁判员独立于球员共同作出的决定。

A6　击球员

A6.1　击球方：当前击球的一方，不管比赛是否正在进行。

A6.2　击球方一员：击球方队长提名上场的球员之一，包括替换球员的提名替补队员。

A6.3　击球员领地：球道两端，击球线后的广阔区域，属于各自的击球员。

A6.4　原来端：球投出后击球员原来属于的领地一端。

A6.5　离开的三柱门：击球员开始跑分时所在一侧的三柱门。

A6.6　防卫位置：击球员准备接投手投出的球时的位置和采用的姿态。

A6.7 为本规则目的，腰部高度指击球员直立于击球线时其裤子最高点所在的位置。

A7 外场防守队员

A7.1 防守方：当前处于防守的一方，不管比赛是否进行中。

A7.2 防守方的一员：防守方队长提名球员中的一员，或者正式提名中的替补防守队员。

A7.3 防守队员：在比赛中防守时的11名球员或较少球员。定义不仅包括投手、守桩员和合法上场防守的提名球员，也包括正式提名中的替补球员。但不包括从比赛场地离开缺席的提名球员，以及未经裁判员同意返回的球员。一名球员出了边界线，意味着他不能履行作为一名防守队员的职责，为规则24.2（防守队员缺席或离场）要求，已经离开赛场，不再是防守队员。

A8 替补、替换和跑手

A8.1 替补：可以在防守队员离开球场时替其进行防守的球员，但不能替代正式的提名球员，替补能做的仅限于防守。

A8.2 替换：可代替一名正式提名球员，因此，可以成为一名提名球员，做任何比赛中的位置，跟提名球员的职责相同。

A8.3 跑手：一名提名球员，职责是代替另一名击球队中因受伤而不能跑动的提名球员。

A9 投手

A9.1 三柱门上/三柱门外：投手在返回线内与三柱门连线之间助跑时，如果三柱门在投手投球臂同侧，称为三柱门上投球。如果投手投球臂靠近返回线，则称为三柱门外投球。

A9.2 投球摆臂：投手在正常投球时手臂的动作。

A9.3 投球步：投手进行投球开始摆臂时的脚步，不管球投出手与否。从投手后脚落地到前脚落地的过程，当后脚再次落地时投球步即结束。

A10 球

A10.1 被击中的球/击中球：除非特殊说明，否则是指被球板击中的球或用球板击中球。

A10.2 直接弹回/直接击中：没有接触防守队员，但不排除接触地面。

A10.3 长直球：投手投出的球在到达或经过击球员时没有接触地面。有时也称作“未弹地球”。

A11 跑分

A11.1 取消跑分：按规则规定跑分不算。不仅跑分被取消，而且击球员还要回到原位。

A11.2 分不被计：非法得分，不是正当得到的分数，不被计分，因此不存在取消的问题。击球员也不用返回到原位。

A12 身体

A12.1 身体：球员的身体包括其肉体及血液，连同任何衣服或合法的外用保护装备，包括个人的附属物，但击球员的球板除外。击球员的非执板手，不管是否佩戴手套，以及手中拿着的衣物、手套及装备均算作身体一部分。击球员用手拿着手套，没有佩戴，则算作身体一部分。防守队员手中拿着的衣物或护具不算作身体的一部分。

A12.2 衣物：球员穿戴物品，包括眼镜或珠宝，不能算作外在保护性护具的物品，则属于衣物，也包括穿戴不能明显看见的一些保护性物品。击球员拿着的球板不算作衣物。

A12.3 手：击球员或守桩员的手包括手本身和戴在手上的整个手套。

A13 明侧/暗侧

击球线前/击球线后。

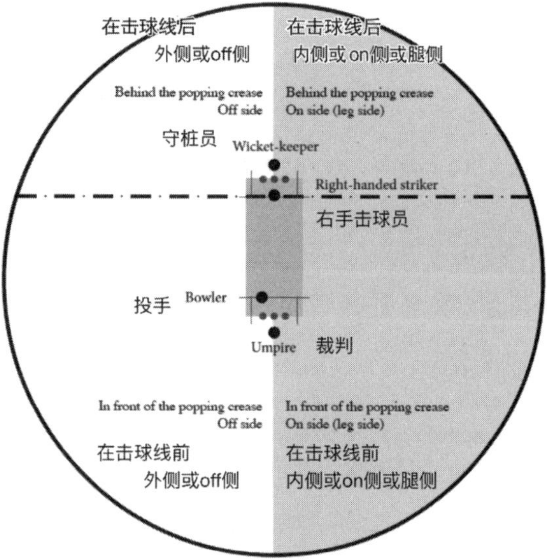

附录B　规则5（球板）

B1　通用说法

B1.1　尺寸：在附录B2至B6的所有条款都遵从规则和附录中的约束。

B1.2　黏合剂：黏合剂仅于必要时允许使用，并以最小量使用。

B1.3　球板的分类：下面给出相关的A、B、C、D四类球板的特殊规定。

B2　板柄的特殊要求

B2.1　板柄的一端插入板体之中把板柄和板体联接一体。

较小的一部分用来联接板柄和板体，它不是板体的一部分，仅仅用于附录B3和附录B4中描述的用途，板体的相关部分也被认为是相关板柄的较低部分的延伸。

B2.2　板柄可以使用必要的胶水与板体联接在一起。只要不违反规则5.5（对球的损坏），板柄的上部分可以覆盖材料仅仅是用于适合抓握。这样的覆盖物是额外增加的，不是板的一部分，规则5.6（接触球）有相关规定。板柄手胶的底部不能延伸超过规定的点，按附录B2.4规定。绑线和握把手胶可能超过板柄上部和下部联接处，覆盖板子的部分柄板肩部，但应符合附录B3.1。
除了上面允许的材料，不能使用其他材料放于或插入板柄下部，只能使用最少的黏合剂和黏合胶带用于修补这些部件，或者用于修补板面和板柄。

B2.3　板柄材料：作为整个板柄体积的一部分，藤、木、麻只能占A型和B型球板的1/10，C型和D型球板的1/5。这些材料不能伸入超过3.25英寸或8.26厘米板柄的下端。

B2.4　板柄的缠绕和覆盖：板柄的上部和下部联接处允许的沿着板柄长度的连接物限制最大为：
缠绕物长度2.5英寸/6.35厘米。
板柄手胶长度2.75英寸/6.99厘米。

B3　板体的特殊规定

B3.1　板体有板面、板背、板头、侧面和板肩。

B3.1.1　板面是主要的击球面，表面平坦略带一些由于传统的工艺技术形成的弧形突出。板背是与板面相反的背部表面。

B3.1.2　板肩、侧面、板头是其余的表面，不同于板面和背面。

B3.1.3　板肩在板柄的下端两侧，与板面两侧相对应，从板柄刚进入板体开始到板面最大宽度开始的部位。

B3.1.4　板头是在板面最底端与板肩相对的部位。

B3.1.5　侧面在板面的两侧，在板肩和板头之间沿着板面的方向。

B3.2 板面上和板面内不允许使用附录B2.4、B3.3和规则5.4（保护与维修）中规定的其他材料，仅仅可以使用最小的黏合剂和胶带，用于固定球板的物件或修补板柄。

B3.3 覆盖板面：A型板和B型板不能用任何除规则5.4（保护与维修）规定允许的其他物质；C型板和D型板可以在板面上有覆盖物但要符合附录B4特殊规定，厚度不能超过0.012英寸/0.3毫米按附录B4.1规定。任何按照规则5.4（保护与维修）和附录B4规定使用的材料都被认为是板的一部分，同样也能通过B8中定义的尺寸。

B4 保护和修理

B4.1 板面表面可以使用非固体材料用于提高弹性、湿润或弥补木头表面天然瑕疵。为弥补天然表面瑕疵的物质应不改变板面的颜色，尽量保持一致性。

B4.2 按规则5.4（保护与维修）规定用于保护

和修补的材料和板面上的额外物，但需注意规则5.6（接触球）。除规则5.4.1情况外，任何此类材料不得额外突出于板面的背面，并且仅仅用于损坏区域的连续缠绕覆盖。修补材料沿板面长度方面的突出长度不能超过损坏区域之外0.79英寸/2.0厘米。反复缠绕的总共厚度最大不能超过0.04英寸/0.1厘米。使用非固体材料时，当其干燥以后涂层厚度不能超过0.004英寸/0.01厘米。此外，为保护球板损坏，对于B型、C型和D型板，插入或钉入板头或侧面的钉时要与板面平等。

B4.3 允许的覆盖物、修补物和板头保护物，不能超过各自的特殊厚度规定，可能会超过上述规定尺寸，但整个板必需能通过附录B8中描述的尺寸大小要求。

B5 板头和侧面的插入物

木头厚度不能超过0.35英寸/0.89厘米。

板头插入物不能超过板面内部2.5英寸/6.35厘米，侧面插入物也不能超过1英寸/2.54厘米。

B6 商业标识

标识物厚度不能超过0.008英寸/0.02厘米，在板背面的标识物覆盖面积不能超过50%，在板面表面，限制在距离板头9英寸/22.86厘米和板柄底部之间，如附录B2.2和附录B2.4所定义。

B7 D型板

D型板，需与规则5（球板）中和本附录的尺寸特殊规定和约束相符，板面还需：

B7.1 只能是木制叠层并且不能超过3块。

B7.2 不能违反规则5.5（对球的损坏）规定的颜色。

B8 球板尺寸

所有球板应符合板球规则，并且与规则5.7（板的尺寸限制）定义的特殊规定相符。球板不管是否有规则5.4（保护与维修）中允许的保护覆盖物，必需能通过球板规定的尺寸要求，尺寸和形状如下规定。

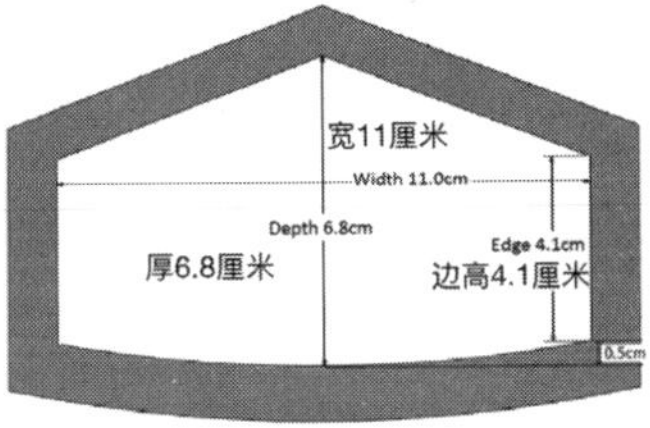

Dimensions of aperture

Total depth:	2.68 in/6.8 cm
Width:	4.33 in/11.0 cm
Edge:	1.61 in/4.1 cm
Curve:	0.20 in/0.5 cm

孔径尺寸

完整厚度：	2.68英寸/6.8厘米
宽：	4.33英寸/11厘米
边：	1.61英寸/4.1厘米
弧线：	0.2英寸/0.5厘米

Note: The curve of the lower edge of the aperture is an arc of a circle of radius 12.0 in/30.5 cm, whose centre is on the vertical centre line of the aperture.

注：弧线下边缘的曲线是半径为12.0英寸/30.5厘米的圆弧，其中心位于弧线的垂直中心线上

附录C　规则6（球道）和规则7（球道线）

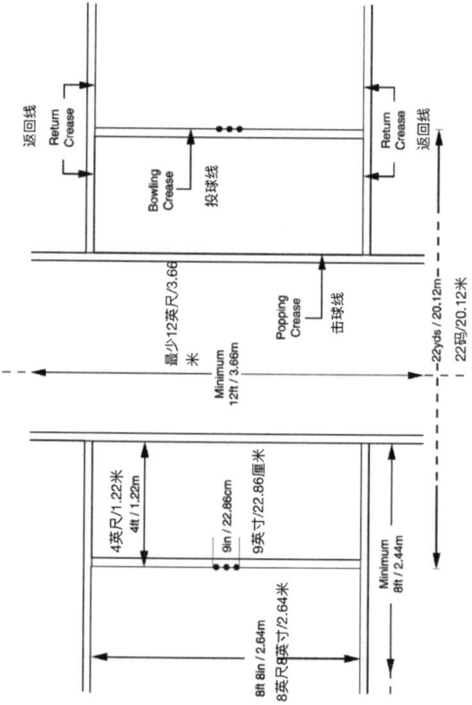

附录D 规则8（三柱门）

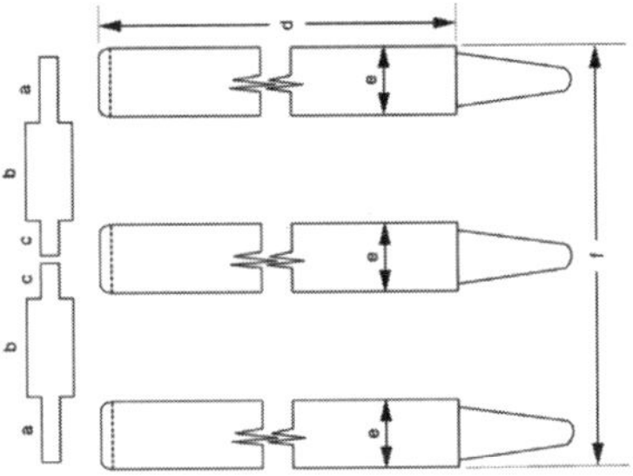

小横木	高级	初级
全长	10.95厘米（4 5/16英寸）	9.68厘米（3 13/16英寸）
a	3.49厘米（1 3/8英寸）	3.18厘米（1 1/4英寸）
b	5.40厘米（2 1/8 英寸）	4.60厘米（1 13/16英寸）
c	2.06厘米（3/16英寸）	1.91厘米（3/4英寸）

门桩	高级	初级
高度（d）	71.1厘米（28英寸）	68.58厘米（27英寸）
直径（e）		
最大值	3.81厘米（1 1/2英寸）	3.49厘米（1 3/8英寸）
最小值	3.49厘米（1 3/8英寸）	3.18厘米（1 1/4英寸）
三柱门的 总宽度（f）	22.86厘米（9英寸）	20.32厘米（8英寸）

附录E　守桩员手套

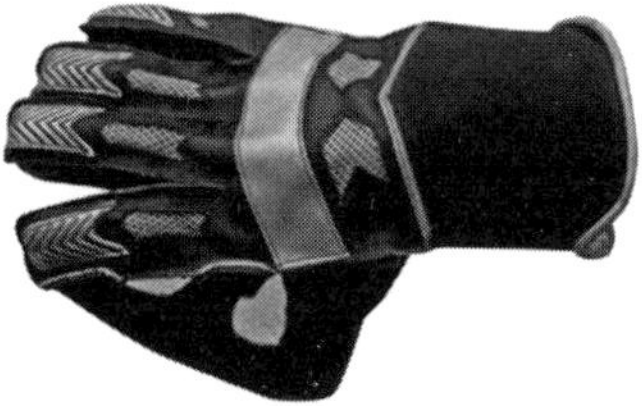

拇指与食指之间可以有一块没有弹性的材料作为支撑辅助物。

其他手指之间不能有联接物。

佩戴手套拇指伸直时，拇指尖不能超出拇指尖与食指尖连成的一条直线。

板球术语

器材术语

英文	中文	注解
Ball	球	
Bat	球板	
Bat-English willow	英国柳木球板	
Bat-Kashmir willow	非英国柳木球板	
Bat-Short handle	短把球板	
Bat-Long handle	长把球板	
No Ball	无效球	
Front foot No Ball	前脚犯规无效球	
Wide	宽球	
Batting gloves	击球员手套	
Batting gloves-Inner	击球员手套——内衬	
Leg guards	护腿	
Protects	护具	
Armguard	护肘	
Thigh guard	大腿护套	
Inner thigh guard	内腿护套	
Chest protector	护胸	
Helmet	头盔	
Bails	小横木	三柱门顶端的小圆木
Stumps	桩子	
Wicket	三柱门（底座、桩子及其顶端小圆木）	

投球术语

英文	中文	注解
To bowl	投球	
Bowler	投球员	
Seam	球缝	
Fast bowling	快投	
In swing	内旋球	
Out swing	外旋球	
Run up	跑动	
Strong front arm	前臂用力	
Strong follow through	有力跟随	
Leg spin	用手腕转球	球出手后，球落到击球员的左腿侧
Off spin	用手指转球	球出手后，球落到击球员的正前方
Delivery arm	投球手臂	
Delivery swing	投球摆臂	投球员投出球时的臂部动作
Bowling posture	投球姿势	
Loop and flight	空中旋转	

（续表）

英文	中文	注解
Grip	持球	
Off stump	右桩棍（不过左手击球员的是左桩棍）	
Mid stump	三柱门中间的桩棍	
Leg stump	靠近身体一侧的桩棍	
Appeal “How is that”	上诉“怎么判”	
Opening bowler	首位投球员/开球手（投球一方）	
All rounder	全能球员	同时具备投球和击球两项专业技能的球员
Twelfth player	候补投球手	
Hat-trick	帽子戏法	投球手连续3次将3名击球手淘汰下场
All out	全出局	一方球队的10名击球队员均被淘汰

接球及守桩术语

英文	中文	注解
To catch	接球	
To field	防守	
Throwing	扔球	
Underarm throwing	下臂扔球	
Crow hop	乌鸦跳	
Defensive fielding	防守接球	
Attacking fielding	攻击接球	
Leg side	腿侧	
Off side	右桩侧	

击球术语

英文	中文	注解
To bat	击球/准备击球	
Batter	击球员/击球手	
Striker	场上击球员	
Non striker	副击球员/非击球员	
The grip	握法	
The stance	站立/站姿	
The back lift	后提	
Front foot defense	前跨防守	
Front foot leg glance	前跨闪球	
Front foot drive	前跨击球	
Straight drive	直线击球	
Off drive	向场地右后方击球	
Cover drive	向场地右前方击球	
On drive	向场地左前方击球	
Sweep shot	横扫	
Back foot defense	后腿防守	

（续表）

英文	中文	注解
Cut shot	横切	
Pull shot	拉球	
Hook shot	钩球	
Golden duck	首次击球零分	击球手第一次击球未中
Century/ton	100分	击球手个人得分达100分，即为一个century或ton
Opening batter	首位击球员/开球手（击球一方）	
Night watchman	守场击球员	比赛将结束前上场的二流击球手
Twelfth Player	候补击球手	
Pad up	试击	队长让一个或多个选手穿好护具，准备击球
Take Guard	击球站位	当击球员到达击球线时，首先要标出中间桩子，在球道上做标记，以此来调整击球员与球的方向，使其一致
The Order	上场顺序	教练员通常会决定击球员的上场顺序

裁判术语

英文	中文	注解
Over	回合，一轮投球数	每6次有效投球即称一个回合
Innings	局	
Maiden Over	一轮（回合）投球没得分	一个回合投6个有效投球，但未得分
No ball	无效球	无效球，对方得1分，重新投球
Wide ball	宽球	球未投到规定区域，对方得1分，重新投球
Dead ball	死球	
Out	出局	击球员被淘汰
Bye	漏击得分	球越过击球员时，未接触到其球板和其身体，但球又非无效球或宽球，此时得分为Bye
Leg bye	跑动得分	击球员未击到球，身体碰到球，击球员及非击球员跑动后得分

（续表）

英文	中文	注解
Boundary 4&6	边界4分及边界6分	球被击到外围线以内，对方未接到球，得4分 球被击到外围线以外，对方未接到球，得6分
Bowled	投球员直接砸桩出局	投球员击中三柱门
Caught	接杀出局	击球员击出的球被防守队队员接住
Hit wicket	自身触桩	球在被击后或从身上滚过碰到桩子，球板或身体某一部分碰到桩子
LBM-Leg before wicket	LBM出局	球、击球员的腿及三柱门成一直线，球在碰到桩子之前碰到击球员的腿，击球员淘汰下场
Stumped	守桩员砸桩出局	击球员越过击球位置，球被对方守桩员接住并用球将三柱门击倒
Run out	跑动砸桩出局	击球员跑动得分时，未能归位，三柱门被防守队击倒

（续表）

英文	中文	注解
Runs	得分/跑动得分	
Extras	额外得分	
Overthrows	过度传球	当接球员将球扔向任意一侧的桩子，当球未被接到，击球由此得到的额外得分
Duck	零分/不得分	击球手击球未得分（被要求退场）
Disregard last signal	红牌警告	
Handle the ball	手球/触球	击球员用手触球
Obstruct the Field	阻止场外球员接球	
Call of play	宣布比赛开始	
Call of time	宣布比赛停止	
Time	比赛中止/时间到	

场地术语

英文	中文	注解
The bowling crease	投球线	投球线的后端需穿越三柱门的中央，其长度为2.64米，而三柱门则置于线的中央
The popping crease	投出线	在投球线前面1.22米并与其平行
The return creases	返回线	返回线的内沿须与投出线成一直角，并与设想两三柱门中轴线的距离为1.32米
Pitch	球道	
The field of play	赛场	边界线内的所有范围
The Square	中央赛场	指球场内一块特别准备的区域，比赛的球道在其内
Inside edge	内线	指最接近三柱门一边的边沿

（续表）

英文	中文	注解
Before stumps and creases	桩门和投球线前区	指球道上三柱门和白线之前的地区
A batsman’s ground	击球员区	球道的两端，击球员一方投出线之后的整个范围
In front of the line of the striker’s wicket	击球员三柱门前线	三柱门前投出线向两端延伸至边线
Behind the wicket	三柱门后	两端三柱门后的设想范围，两条边线设想为向场边延伸
Behind the wicket -keeper	守桩员后	击球员三柱门后，与两组三柱门成一条直线

图书在版编目（CIP）数据

板球规则：2017版，2019第二修订版 / 中国板球项目裁判员委员会审定. --北京：人民体育出版社, 2020

ISBN 978-7-5009-5768-3

Ⅰ. ①板… Ⅱ. ①中… Ⅲ. ①板球运动–竞赛规则 Ⅳ. ①G849.94

中国版本图书馆 CIP 数据核字（2020）第045551号

*

人民体育出版社出版发行

三河兴达印务有限公司印刷

新　华　书　店　经　销

*

850 × 1168　64 开本　3.75 印张　119 千字

2020 年 12 月第 1 版　2020 年 12 月第 1 次印刷

印数：1—4,000 册

*

ISBN 978-7-5009-5768-3

定价：22.00元

社址：北京市东城区体育馆路 8 号（天坛公园东门）

电话：67151482（发行部）　邮编：100061

传真：67151483　邮购：67118491

网址：www.sportspublish.cn

（购买本社图书，如遇有缺损页可与邮购部联系）